Andrea Onishi • Cláudia Fajkarz

MANUAL PARA UMA VIDA CRAFT

Andrea Onishi • Cláudia Fajkarz

MANUAL PARA UMA VIDA CRAFT

PANDA BOOKS

Diretor editorial
Marcelo Duarte

Diretora comercial
Patty Pachas

Diretora de projetos especiais
Tatiana Fulas

Coordenadora editorial
Vanessa Sayuri Sawada

Assistentes editoriais
Juliana Silva
Mayara dos Santos Freitas

Assistente de arte
Mislaine Barbosa

Projeto gráfico
Camila Sampaio
Carolina Ferreira

Fotos pp. 58, 63, 66, 70, 73, 78, 83, 86, 89, 93, 99, 100, 103, 108, 112, 115, 117, 119, 123, 126, 129, 132, 135, 136, 138 e 143
Paula Korosue e Leda Yjm

Foto p. 18
Carla Arakaki

Fotos de materiais
Arquivo das autoras

Ilustrações de passo a passo
Camila Sampaio

Preparação
Sandra Brazil

Revisão
Juliana de Araujo Rodrigues

Impressão
Loyola

CIP - BRASIL. CATALOGAÇÃO NA FONTE
SINDICATO NACIONAL DOS EDITORES DE LIVROS, RJ

Fajkarz, Cláudia
Manual para uma vida craft / Cláudia Fajkarz, Andrea Onishi. – 1. ed. – São Paulo: Panda Books, 2016. 200 pp.

ISBN 978-85-7888-499-4

1. Artesanato. I. Onishi, Andrea. II. Título.

15-21131 CDD: 745.5
CDU: 745

2016

Um selo da Editora Original Ltda.
Rua Henrique Schaumann, 286, cj. 41
05413-010 – São Paulo – SP
Tel./Fax: (11) 3088-8444
edoriginal@pandabooks.com.br
www.pandabooks.com.br
Visite nosso Facebook, Instagram e Twitter.

Para Maitê, com amor.

Andrea

Em memória de minha avó Bracha.

Cláudia

SUMÁRIO

INTRODUÇÃO

Bem-vindo ao mundo maravilhoso dos crafts

Há algumas décadas, fazer trabalhos manuais era uma obrigação da mulher considerada prendada. Com certeza você já ouviu sua avó contando como era na época dela. Se quisesse se casar com um bom partido, a moça tinha que aprender a costurar e até mesmo a bordar todo o enxoval! Assim, muitas mulheres cresceram odiando tudo isso, ou então aprenderam por mera obrigação. Mas a partir do tempo de nossas mães, a coisa começou a mudar de figura e deu um giro de 180 graus.

Mães modernas foram para o mercado de trabalho e não tiveram paciência, e muito menos tempo, para bordar em ponto de cruz ou tecer pulôveres de tricô jacquard! Naquele tempo, há cerca de cinquenta anos, época da emancipação feminina, manualidades eram coisa de vovó ou terapia para quem não tinha nada melhor para fazer. Trabalhos manuais viraram coisa careta, chata. Mas o tempo passa, e o mundo dá muitas voltas.

Hoje, voltamos a comprar agulhas de tricô e queremos muito aprender a costurar. Por quê? Simplesmente porque sim, oras! Porque podemos escolher ser prendados, se quisermos ser. E nós queremos! E assim nasceu uma nova geração apaixonada por criar com as mãos: os crafteiros (ah, sim... os homens também aderiram a esse movimento, que não é exclusividade feminina, apesar de eles ainda serem minoria, mas são sempre muito bem-vindos). É claro que ser prendado hoje não significa mais bordar um enxoval todo à mão (quem tem tempo pra isso?), mas sim ter uma atitude de mão na massa, uma curiosidade criativa que nos impulsiona a inventar e produzir nossas próprias coisas, sejam elas roupas, acessórios ou decorações. Não por sermos obrigados. Pelo contrário, temos prazer em escolher materiais e criar coisas bonitas com nossas próprias mãos.

Claro que o trabalho manual de hoje não é mais como o de antigamente. Hoje temos outra visão sobre o artesanato e ousamos dar uma nova abordagem a técnicas manuais tradicionais. Quer um exemplo? Temos dois: o tricô ganhou a modalidade máxi, feito com agulhas gigantes e lã grossa (viva a rapidez!), e o bordado, passatempo das vovós (quem diria?) agora serve para estampar frases provocativas e até desenhos subversivos. Mais do que tudo, o craft não segue regras muito definidas, está aberto a novas possibilidades e experimentações. Gostamos muito dessa liberdade, pois há espaço para tudo. Um viva às cores fluorescentes, aos trabalhos *mixed media* e ao *patchwork* moderno!

Em vez de reproduzir as técnicas manuais *ipsis litteris*, o craft valoriza o criar, o experimentar, o novo e às vezes até o inusitado, naquela ideia "como eu nunca pensei nisso antes?".

Muitos nos perguntam a razão de usarmos uma palavra em inglês para denominar o movimento e não chamá-lo apenas de artesanato, nosso bom e velho conhecido. Justamente porque achamos que o craft é um desdobramento mais atual do artesanato e isso merece um novo nome. Artesanato moderno, artesanato urbano, craft... Escolha o nome de que mais gostar. O que importa é que, graças ao movimento, muita gente está dando uma cara divertida, moderna e diferente às velhas técnicas, sem que isso seja visto como atividade simplória, de "mulherzinha" no mau sentido. Hoje somos meio "vovós" – e com muito orgulho!

E não podemos deixar de associar o craft à internet. Naturalmente, essa retomada das artes manuais se alimenta de referências e de compartilhamentos do mundo virtual. Imagina assim: estava lá o bom e velho artesanato quietinho no seu canto e, de repente, aparece um mundo de influências e referências novas (vídeos, blogs, sites), a um clique do computador! Não tem como ficar imune a tanta coisa bacana, vinda de todos os cantos do mundo.

Talvez por essa liberdade e facilidade de acesso, pessoas de diversas formações tenham aderido ao craft. Apostamos no poder transformador do faça-você-mesmo como algo terapêutico, que alivia o estresse e deixa as pessoas mais felizes, porque muito mais do que atividade de subsistência ou coisa de gente "hipponga", ele se tornou uma forma de expressão, um modo de entrar em contato com aquele lado criativo que estava adormecido. Os crafteiros se multiplicaram e estão por todo o Brasil, vindos das mais variadas profissões e se comunicando principalmente pela internet. Muita gente gostou tanto da ideia que acabou criando produtos, lançando sites e apostando em ideias criativas como empreendimento e ofício.

O craft veio para ficar, virou um jeito de ser e de viver. E você, já deu os seus primeiros pontinhos?

Dez mandamentos para uma vida mais craft

O craft vai além do ato de fazer trabalhos manuais. Ele se tornou um estilo de vida. Por isso, fizemos uma lista de mandamentos para ajudar a sua rotina criativa. Alguns são mais fáceis, outros, mais difíceis, mas você provavelmente irá se deparar com eles em algum momento de sua trajetória crafteira. Lembre-se dessa listinha bem-humorada e siga (ou não) nossos mandamentos, afinal, não há penitência caso não os cumpra.

1. Valorizará o objeto feito por alguém muito mais do que aquele feito em série por uma máquina.

2. Libertar-se-á do perfeccionismo e se permitirá errar. Aceitará que, às vezes, a costura sairá torta mesmo, e a vida segue. Tudo bem!

3. Terá olhos abertos para as inspiracões do mundo ao seu redor. Plantará sementes para o seu canteirinho de ideias. Boas sacadas podem brotar dali.

4. Fará sempre um esforço extra para explorar seu lado criativo e dará espaço à experimentação.

5. Manterá um caderninho com anotacões dos projetos que fará e deixará a lista crescer a cada vez que visitar o Pinterest.

6. Não usará tesoura de tecido para cortar papel e vice-versa.

7. Resistirá à tentacão de decorar superfícies com cola quente.

8. Ajudará os crafteiros novatos que se interessarem em aprender aquela técnica que você domina.

9. Terá curiosidade por materiais novos e suas possibilidades criativas. Valorizará a qualidade dos materiais muito mais que a quantidade.

10. Usará, na medida do possível, os materiais disponíveis em seu estoque e não encarnará o doido da loja de tecidos, comprando materiais dos quais não precisa apenas por impulso consumista.

Somos todas Rosies

Você se lembra desta nossa foto que está lá no blog Superziper? A imagem talvez seja familiar, mas nem todos sabem a história por trás dela. Nós nos inspiramos no cartaz da personagem Rosie, the Riveter (a rebitadora), criado na década de 1940, nos Estados Unidos. Ele representa as mulheres que trabalhavam em fábricas, ocupando a vaga de homens que estavam envolvidos com a Segunda Guerra Mundial. O *slogan* "We can do it!" ("Nós podemos fazer!") foi criado com a intenção de levantar o moral das trabalhadoras. Por muito tempo esquecida, a imagem ressurgiu discretamente nos anos 1980, como ícone feminista.

Em meados de 2008, quando precisávamos escolher uma imagem para representar o nosso blog, nos lembramos dela. Era forte, marcante e direta. Não tínhamos grandes pretensões, apenas fazer uma brincadeira e mostrar que o lema "Nós podemos fazer!" vale para tudo, principalmente para o craft. Chamamos duas amigas, uma fotógrafa e uma maquiadora, para ajudar a produzir nossa versão da Rosie. E no momento de escolher os ícones para representar o ofício, apelamos para a tesoura e as agulhas de tricô.

No começo do Superziper (e pra falar a verdade, até hoje) ouvíamos muitos comentários de pessoas admiradas com as coisas que produzíamos. Não entendíamos o motivo, afinal, era só pegar os materiais e fazer – literalmente, colocar a mão nos tecidos, lãs e fios. Se tinham tanta vontade, por que não começavam? Liam, se inspiravam e sonhavam, mas ficavam só no "se". Se eu tivesse habilidade, se eu tivesse paciência, se eu levasse jeito, se eu soubesse como...

De nossa parte, não nascemos com nenhum dom especial, apenas gostamos de usar as mãos, experimentar, fazer, sem medo de errar. Esperamos que nossa brincadeira com o ícone da Rosie sirva de lembrete para que mais pessoas – homens e mulheres – adotem esta postura: todos podemos fazer, basta começar.

Eu não levo jeito para a coisa

Desmistificando o craft

Se você aprecia trabalhos manuais, mas acha que nasceu com duas mãos esquerdas e não consegue fazer nada criativo, este capítulo foi feito para você. Vamos ajudar a desfazer os mitos sabotadores do craft que atrapalham o desenvolvimento do seu potencial criativo. Veja se você se reconhece em algum deles:

Mito 1: Não consigo aprender a... (costurar, tricotar, crochetar etc.)

Nossa experiência mostra o contrário. Já demos várias oficinas nas quais muitos alunos chegavam à aula achando que não conseguiriam fazer nada. Mas, ao longo da tarde, com paciência, insistência e determinação, ficavam abismados por terem aprendido e, mais ainda, por terem conseguido se superar. Nossa dica? Evite comparar os resultados de iniciante com alguém que já pratica a técnica há anos.

Aprenda, repita, relembre. Veja o passo a passo no YouTube. Aproveite os recursos disponíveis e não desista. O craft é um universo com muitas técnicas, escolha a que mais combina com seus pontos fortes e não se sinta obrigado a dominar todas.

Mito 2: Quanto mais enfeitado, melhor

Uma das coisas mais importantes e difíceis do craft é saber quando parar de enfeitar uma peça. Sempre bate aquela tentação de colocar um detalhe de fuxico, uma fitinha só para combinar ou um botãozinho para dar um charme a mais. Esqueça isso. A não ser que o seu estilo seja propositalmente rebuscado, resista ao impulso de ficar enfeitando demais seus trabalhos. Não precisa ser minimalista ao extremo, mas lembre-se de que na maioria das vezes apenas um enfeite estratégico, bem-posicionado, já basta para obter um ótimo resultado.

Mito 3: Sou muito ocupado e não tenho tempo para os crafts

Todo mundo trabalha, estuda e faz mil coisas na vida – ninguém tem tempo de sobra. Estamos sempre correndo atrás de responsabilidades e prioridades: emprego, namorado(a), filhos, cachorro, casa. Tanto que às vezes dá vontade de ficar no sofá jogado em frente à TV quando aparece a primeira folguinha. Mas um *hobby* também pode (e deve) ser colocado como prioridade na agenda. Separe um momento só seu para criar durante a semana. Se está difícil conciliar craft com vida social, organize um grupo de amigos que também curta manualidades e planeje reuniões que misturem bate-papo e sessões de craftagem. Faça um esforço consciente para que o craft esteja sempre no seu dia a dia.

Mito 4: As coisas mais legais já foram inventadas

Todos nós temos potencial criativo, mas precisamos de tempo e prática para desenvolver nosso próprio estilo. Você não precisa inventar a roda dos crafts. Comece pequeno e devagar. Aos poucos desenvolva o seu próprio estilo. Não duvide de você mesmo e não pratique a autossabotagem.

Mito 5: Tenho pavor de coisas de mulherzinha

Apesar de o craft ser associado a coisas "fofas" e femininas (gatinhos, corações, *cupcakes*, matrioskas são só alguns exemplos de estampas *best-sellers* em qualquer loja de tecido), ele pode navegar por muitos outros estilos e referências. Muito do preconceito com o artesanato vem dessa associação direta e carregada de açúcar devido a décadas de panos de prato pintados com motivos infantis e adornados com biquinho de crochê cor-de-rosa. Se essa não é a sua praia, tranque tudo isso numa gaveta e perca a chave. Caso as estampas mimosas não lhe agradem, trabalhe com tecidos lisos e blocos de cores. Troque as flores por padrões geométricos. Não se sinta obrigado a escrever "love" e "paz" nos seus projetos só porque está na moda. Busque suas próprias referências e aposte em um estilo pessoal.

Mito 6: Se eu fizer algo muito legal, vão copiar

Ops! O que este mito está fazendo aqui? Isso não é um mito e sim uma realidade. Se você fizer algo muito legal e divulgar por aí as pessoas vão copiar sim e isso acontece não só no movimento craft, mas em todas as outras áreas. Triste realidade. Você pode até tomar as providências legais para resolver a situação, mas, na maioria dos casos, não haverá uma solução fácil para esse dilema – a não ser continuar criando e inventando outras coisas ainda mais originais. Um trabalho consistente fará com que seu estilo se torne tão evidente que cópias serão meras cópias, e só.

Lemas e mantras

Frases que nos inspiram

Colecionar ditados é um vício muito útil. Em um momento crucial, é sempre bom poder "tirar do bolso" uma sabedoria bem-aplicada àquela situação. Ditados são como mantras que se enquadram a fases específicas da vida. Temos alguns que gostamos de usar, repetir e lembrar como lemas. Esperamos que sejam úteis para vocês! Só não vale postar e dar crédito errado – para Clarice Lispector, Luis Fernando Verissimo e companhia.

JUST DO IT!

FORÇA NA COSTURA!
Andrea

•

USE O QUE VOCÊ TEM!
Cláudia

leve a vida leve
Lídia, mãe da Cláudia

TALENTO É 1% inspiração e 99% transpiração

Ars longa, vita brevis.

MOTTAINAI!

Expressão japonesa usada para chamar atenção quando se desperdiça comida e materiais – Maria, mãe da Andrea

MENOS É MAIS

Never underestimate the power of a woman with a sewing machine.

FEITO, MELHOR QUE PERFEITO.

ANALYSIS PARALYSIS #NOT

JUNK IS GOLD

A necessidade é a mãe da criatividade.

YOU CAN DO IT!

MAKE, DO AND MEND.

Comece pelo fácil, que o difícil fica fácil.

We want to make stuff.

Dinheiro é como oxigênio. É essencial, mas não deve ser a razão de viver.

O simples retrata a grandeza do coração.

all you KNIT is love.

Meditação é importante, porque algumas questões não podem ser respondidas pelo Google.

> "O mundo feito à máquina não compreende os bordos irregulares do barro, não gosta dos vidrados escorridos desigualmente, não aprecia a boniteza torta das canecas, das jarrinhas sem equilíbrio total."
>
> Cecília Meireles

Os crafts hoje

Muita gente pode questionar: numa época em que conseguimos comprar praticamente qualquer produto por um preço tão baixo, qual é a vantagem de fazer algo à mão, partindo do zero? Por que fazer suas próprias roupas, se dá tanto trabalho? Por que ir atrás de materiais e investir tanto tempo (o bem mais precioso de todos) em algo que dá trabalho e dificilmente sairá "perfeito"?

Nós conseguimos pensar em inúmeros motivos, mas vamos citar apenas alguns. Qualquer objeto feito manualmente e com carinho por alguém que você conhece e sabe o nome tem uma história por trás de seu feitio, um capricho a mais nos detalhes.

Saiba que, para fazer algo artesanalmente, alguém se dedicou a escolher materiais a dedo, desenvolveu a peça piloto e ocupou-se da produção, colocando todo capricho para criar aquela peça única e exclusiva que agora está em suas mãos. O valor do produto artesanal é único e tem significado especial. Não dá para comparar com o industrializado, de fábrica, impessoal, anônimo, marcado com um código de barras.

Além disso, é muito bacana e libertador quando você mesmo faz os objetos. É a alegria de poder usá-los, receber um elogio e falar, com orgulho: "fui eu mesmo que fiz!".

You can do it!

Então, chega de pensar e teorizar. Agora é o momento de arregaçar as mangas e se jogar de verdade nos crafts. Preparamos uma lista de tarefas que ajudará quem é novato a começar a desvendar as delícias dos trabalhos manuais. Para quem é veterano e está num vácuo criativo, essa lista talvez ajude a dar uma animada extra em seus projetos e criações. Para começar já:

- Escolha uma técnica de que gosta para se dedicar e aprofundar o seu conhecimento. Já faz crochê? Aprenda o tricô. Costura apenas o básico? Que tal tentar ter uma roupa feita sob medida? Pesquise na internet, assista a vídeos, faça cursos, tente descobrir maneiras de aperfeiçoar as técnicas básicas que você já domina.
- Valorize o processo de fazer algo manualmente tanto quanto o resultado final. *Enjoy the ride!* (Aproveite a corrida!) Lembre-se de que nem tudo, no final, fica lindo, mas dá para se divertir à beça no processo.
- Monte um cantinho para chamar de ateliê. E não estamos falando de uma sala enorme, afinal, quem mora em cidades muito urbanizadas normalmente vive em ambientes pequenos. Qualquer canti-

nho tranquilo e bem-iluminado da sua casa pode virar seu espaço criativo (veja página 34).

- Organize seus materiais. Ninguém consegue ser produtivo no meio da bagunça. Veja o que pode ser aproveitado dos materiais antigos e o que deve ser jogado fora. Catalogue e identifique seus materiais para que eles estejam à mão na hora que precisar deles.

- Faça uma lista de projetos que você quer concretizar e que talvez concretize. Mas seja realista, porque é deprê olhar uma lista imensa de projetos e não ter feito nenhum deles.

- Crie um mural com fotos inspiracionais. Lembre-se: suas inspirações podem vir de qualquer lugar, não necessariamente da internet. Para os mais digitais, abra também uma conta no Pinterest!

- Dedique um horário da sua agenda para criar. Sem disciplina, a semana passa voando e não conseguimos produzir nada. Quanto mais fizermos, mais ideias para novos projetos teremos!

- Coloque o seu toque original em todos os trabalhos. Busque personalidade e pense nos detalhes sempre.

- Fotografe para registrar tanto o processo como o resultado. Se usar redes sociais, compartilhe suas produções. É uma maneira de obter opiniões e ideias novas (veja página 155).

- Procure a sua turma de interesses comuns, seja ela virtual ou real. Alimente seu *network*: quanto mais gente criando junto, melhor.

PREPARE-SE

Como começar?

Fluxograma para colocar um projeto em prática

Assim como na cozinha, quando você vai preparar uma receita, o primeiro passo é ler tudo para saber se tem todos os ingredientes e os equipamentos necessários antes de literalmente colocar a mão na massa. Com projetos craft é a mesma coisa. Ficou superempolgado para começar algo, mas está na dúvida se vai dar pé? Nós vamos ajudar!

RESUMINDO:

Teste: se estiver inseguro antes de começar, experimente primeiro. Faça uma peça piloto com materiais menos nobres.

Adapte: use o que você tem ou, se for possível, improvise com similares.

Empreste e terceirize: precisa de algum equipamento especial? Veja se algum amigo empresta ou um profissional pode fornecer o serviço.

Está animado para começar?
SIM
NÃO
Dê um passeio, faça exercício, distraia-se!
Tem algum projeto em mente?
SIM
NÃO
Tem os materiais?
Faça peça piloto ou veja tutorial no YouTube
Veja sua lista de projetos, favoritos da internet ou índice deste livro.
NÃO
SIM
Dá pra improvisar ou adaptar?
Domina a técnica?
NÃO
SIM
ENTÃO COMECE!
Procrastinado?
NÃO
SIM
Leia o texto da página 150.
Fazer, fazer fazer!
Terminou?
SIM
NÃO
Que tal postar nas redes sociais?
Trabalho em andamento
Ok, sem problema.
NÃO
Muitas curtidas?
SIM
Fizeram encomendas? Tem mercado para o negócio?
SIM!

Como montar seu ateliê em casa

Somos super a favor de ter um lugar especial, onde você se sinta à vontade e inspirado a criar. Porém, queremos lembrar da importância de não cair na armadilha de achar que sem um espaço perfeito não é possível começar. Um ateliê deve ser uma conquista, mas não uma imposição, certo? Dia desses circulou na internet a foto da mesinha que Jane Austen usava para escrever – é tão pequena que cabe praticamente o caderninho, a caneta e só. Mal dá para acreditar que dali saíram clássicos como *Razão e sensibilidade* e *Orgulho e preconceito*. Clarice Lispector escrevia seus livros com a máquina de escrever apoiada no colo. Ou seja, não é o que se tem, mas o que se faz!

Montamos uma lista para ajudar a transformar seu cantinho em um ateliê para chamar de seu:

› **Mesa:** grande e firme, se possível. Pode ser uma bancada apoiada em dois cavaletes. Se não tiver muito espaço livre na mesa, apele para o chão como base para espalhar materiais, cortar papéis e tecidos.

› **Cadeira confortável:** um bom investimento, afinal você vai passar muitas horas nela. Rodinhas também são uma boa pedida.

› **Materiais:** invista no kit básico (veja página 40) e complemente com outros de técnicas específicas.

› **Materiais para organização:** você vai usar muitas pastas, displays, caixas etiquetadas, caixas com divisórias, potes de plástico, vidros, latinhas e embalagens reaproveitadas.

› **Luz natural:** sempre que possível tenha uma janela por perto! Por ela é possível ver o tempo, as pessoas, a luminosidade do dia. É bom para o corpo e para a mente – e para a produção de fotos! Se não houver uma janela por perto, cole na parede uma foto bonita de paisagem, natureza ou algo que inspire e relaxe.

› **Enfeites e decoração:** falam sobre você e são sempre bem-vindos. Adorne seu espaço com quadrinhos inspiracionais e coloque seus objetos queridos ao redor. Se tiver espaço, faça também um *mood board* (ou mural de inspiração) (veja página 38).

› **Plantinha:** em um espaço criativo, é bom ter alguma outra forma de vida para acompanhar. As novas folhas, os brotos, as flores simbolizam as estações do ano. Dê uma espiada no projeto da página 142. Quem sabe você não se anima?

› **Música:** uma boa trilha sonora motiva, relaxa, concentra, acalma, dá pique. O que você precisa, a música pode dar. Experimente usar o site 8tracks.com, onde você define as palavras-chave e ele apresenta *playlists* do gênero feitas por usuários. Outros sites de música legais são o Grooveshark e o Spotify. Aperte o play!

Como fazer um mural de inspiração

Um mural de inspiração, o *mood board,* é um elemento importante para compor um ambiente criativo. Esse recurso é muito usado em processos de criação nas áreas de design, moda, decoração, arquitetura, cenografia e projetos visuais. Os profissionais em geral partem de um pedido, um desafio, um projeto, e é nesse mural que vão selecionar imagens e elementos visuais que fazem parte da resposta. Descrever emoções por meio de textos e de palavras não é tarefa simples. É mais instintivo escolher referências visuais que traduzam ideias abstratas e em formação, apontando um caminho criativo por onde se pretende seguir. Por não ser uma resposta definitiva, o mural de inspiração deve permitir mobilidade para acrescentar ou retirar imagens.

Como ferramenta de uso profissional, é importante que o mural seja usado não apenas na fase de concepção, mas também ao longo do processo, como um guia para consultar e validar se o projeto está no caminho certo.

No mundo craft, os murais também ganharam função de inspiração, fonte de ideias e lembranças. Nele colocam-se fotos, cartões-postais, desenhos, amostras de tecido, texturas. Se não há no momento nenhum projeto em mente, ele pode ser usado simplesmente para reunir suas referências estéticas e para cercar você de boas vibrações.

Pense no *mood board* como um quadro vivo de favoritos que têm a sua cara. Escolher é saber dizer não para muitas coisas. Pesquise, selecione e descarte. As sobras vão dizer muito da sua leitura. Portanto, não tenha medo de descartar o que não serve mais.

Se tiver espaço, monte seu mural usando um quadro de cortiça com tachinhas ou um quadro de metal com ímãs. Se nada disso estiver à sua disposição, improvise com um espaço na parede – use *post-its* e materiais colados com *washi tape*.

Além do mural de inspiração, uma ideia bacana é ter uma caixa para guardar memórias, recortes, embalagens, fotos, cartões-postais. Uma caixa de inspirações! Vá treinando seu olhar diariamente. Guarde, arranque, recorte, separe e coloque em sua caixinha. Ela pode ser uma fonte preciosa de referências para projetos futuros.

Montando um kit craft básico

O universo craft é tão grande e repleto de técnicas que é praticamente impossível definir um kit básico que sirva para todos. Os materiais necessários vão sempre depender das técnicas que se pratica e dos principais interesses naquele momento.

Por isso, montamos uma lista pensando em itens que não conseguimos viver sem. Muito do que você verá aqui se aplica ao mundo da costura, mas é útil ter em qualquer ateliê.

› **Duas tesouras grandes e boas** – uma para papel e outra para tecido. Não é frescura! Não misture os usos para prolongar a vida do fio. Diferencie uma da outra colocando uma fita ou marcação.

› **Tesourinha pequena e de ponta fina** – para cortar fios, linhas e desmanchar costuras.

› **Estilete** – para papel e cortes não lineares.

› **Cola** – é bom ter alguns tipos de cola sempre por perto: cola branca, para tecido, para madeira, Super Bonder e para isopor (artesanato).

- **Cola quente** - com pistola, para usar em protótipos e projetos rápidos.
- **Tecido barato** - pode ser tecido de forro, algodão ou bobyleen (misto de algodão com poliéster). Tenha sempre um pouco deles para usar sem dó no momento de testes e protótipos. Depois que der certo, corte com segurança aquele veludo alemão caríssimo.
- **Linha** - é bom comprar carretéis nas cores básicas e mais utilizadas: preta, azul-marinho, vermelha, cinza, marrom, rosa. Da cor branca, compre dois - será a primeira a acabar!
- **Agulhas e alfinetes** - têm que ser dos bons, de preferência compridos e finos. Vale a pena pagar um pouco a mais, nada de alfinete ruim.
- **Giz para marcação** - você escolhe: pode ser lápis para tecido, giz de costureiro; o que importa é ter algo para marcar os tecidos antes de cortar.
- **Desmanchador de costura** - também conhecido como abridor de casas. Uma ferramenta barata e essencial.
- **Fita métrica** - se tiver um sistema métrico de cada lado, melhor ainda!

- **Régua grande** – para guiar, marcar tecido. É sempre útil e é melhor se for transparente.
- **Furador** – também conhecido como sovela, é aquele instrumento com base de madeira e metal pontiagudo, para furar couro e projetos de encadernação.
- **Caderno de ideias** – é sempre bom ter um por perto, sem dó de usar e rabiscar.
- **Alicate** – não vivemos sem um. O mais útil é o alicate de bijuteria.
- **Pinça** – é bom ter uma por perto, para colar peças pequenas, puxar fios e fazer ajustes.
- **Calculadora** – para medidas e conversões ou modificar receitas.
- **Caixa para miudezas** – para guardar e organizar pecinhas e acessórios. Melhor ainda se tiver divisórias.
- **Fazedor de pompons** – baratinho e uma mão na roda na hora de fazer muitos pompons! Não é essencial, mas neste livro ele já servirá para dois projetos.

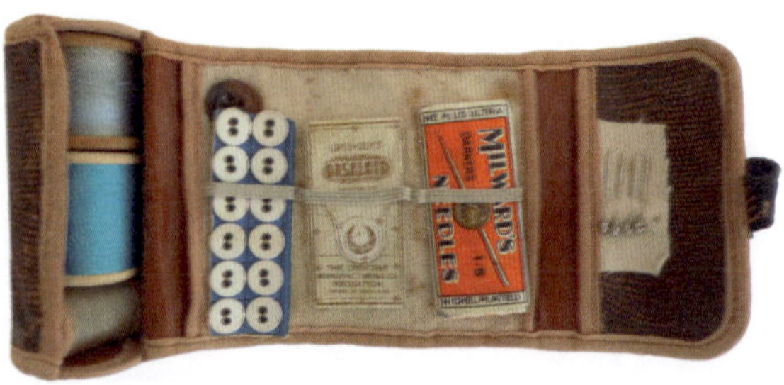

Onde comprar os materiais?

Antes de partir para as compras, verifique o que você já tem em casa para não comprar coisas sem necessidade. Se for possível, adapte o projeto para conseguir utilizar os materiais que já tem. Ao optar por esse caminho de menos consumo, sua casa e a natureza agradecerão. No fim do ano (ou começo – depende do ritual), faça aquela limpeza master e aproveite para organizar os materiais no seu ateliê. Assim, você encontrará peças úteis que ficaram esquecidas em alguma gaveta. Aliás, esse é um bom momento também para separar material para uma sessão de trocas com as amigas!

Parênteses terminados, se precisar comprar material para crafts, aqui vão nossas dicas:

› **Lojas de bairro:** nada melhor do que poder fazer pequenas compras a pé. Explore o comércio do seu bairro e simplifique sua vida. Além de apoiar os pequenos negócios, você ganha mais tempo e se estressa menos no trânsito!

› **Ruas especializadas:** a cidade de São Paulo é uma maravilha para buscar materiais, pois conta com muitas ruas especializadas. Se você não encontrou o que precisava em uma loja, certamente achará na loja vizinha. Estas são nossas ruas preferidas para ir de metrô e encontrar aquele material especial:

Ladeira Porto Geral (Centro): peças para montagem de bijuterias e fantasias. São Bento

Rua 25 de Março (Centro): tecidos e armarinhos. São Bento

Rua da Cantareira (Centro): embalagens e descartáveis. São Bento

Rua da Consolação (Paulista): lustres e iluminação. Paulista

Rua da Graça (Bom Retiro): malhas, aviamentos, tecidos. Luz

Rua do Gasômetro (Centro): madeiras e ferragens. Dom Pedro II ou Brás

Rua Joli (Brás): sobras de tecidos e aviamentos de confecções. Bresser

Rua Julio Conceição (Bom Retiro): aviamentos. Luz

Rua Maria Antônia (Consolação): papelarias. Santa Cecília

Ruas Mamoré, Newton Prado e da Graça (Bom Retiro): máquina de costura, peças de reposição, acessórios e consertos. Luz

Rua Paes Leme (Pinheiros): madeiras e ferragens. Faria Lima

Rua Paula Souza (Centro): suprimentos para bares e restaurantes. Luz

Rua Rangel Pestana (Brás): tecidos. Brás

Rua Santa Ifigênia (Centro): equipamentos eletrônicos, som e computação. Luz

Rua São Caetano (Centro): vestido de noivas, acessórios e enfeites. Nesta rua também há um trecho com lojas de máquinas de costura. Luz

Rua Silveira Martins (centro): vidros, essências para perfumes e insumos para cosméticos. Sé

Rua Três Rios (Bom Retiro): malhas e tecidos para lingerie. Luz

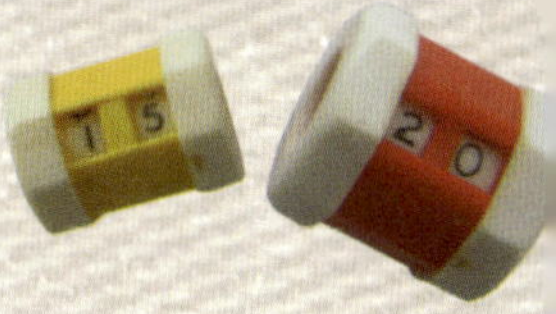

- **Ceagesp (Vila Leopoldina):** mercado de flores, plantas e vasos (sempre às segundas e quintas-feiras).
- **Armarinhos:** são cada vez mais raros, mas ainda são nossos favoritos, principalmente se tiverem estoque antigo de aviamentos. Sempre que possível, garimpe nesses lugares. Os de shopping são muito bonitos e arrumadinhos, mas os de bairro são nossos preferidos pois escondem os melhores tesouros!
- **Grandes magazines e home centers:** perfeitos para comprar materiais mais pesados e insumos básicos. Leroy Merlin, Kalunga, Peg & Faça, Casa & Construção e Telhanorte são exemplos de redes que possuem muitas lojas em várias cidades e oferecem uma grande variedade de produtos e serviços. Segredinho: a Telhanorte da Marginal Tietê (em São Paulo) funciona 24 horas por dia, sete dias por semana, perfeito para resolver problemas de última hora.
- **Internet:** ótimos negócios e muita variedade, principalmente para quem vive longe dos grandes centros. Bons preços e variedade, mas verifique sempre os valores e os prazos de entrega de produtos em estoque ou sob encomenda. Mercado Livre, Ebay, Etsy, Elo 7, Tanlup e sites específicos.
- **Lojas de R$ 1,99:** outro tipo de paraíso terrestre, perfeito para garimpar pechinchas. O bairro de Santa Cecília, na região central de São Paulo, tem umas quatro ou cinco boas lojas desse tipo. A rede japonesa Daiso está num patamar bem mais alto de preço (tudo a R$ 6,90), mas vale a pena pela qualidade e variedade de materiais.

- **Feiras e eventos:** feiras como a Mega Artesanal, que acontecem uma vez por ano em São Paulo, entre junho e julho, recebem caravanas de pessoas vindas de outras cidades e até de outros estados. Além de fabricantes, várias lojas da cidade montam filiais temporárias no evento para atender os visitantes. Boa pedida para ficar sabendo das novidades e comprar tudo o que precisa de uma vez só, sem grandes deslocamentos.
- **Bazares craft:** normalmente acontecem em novembro e em dezembro por causa do Natal. Participamos do Bazar Ógente, que tem várias edições ao longo do ano. Bom para comprar materiais e presentes diretamente de quem faz!

Uma última dica. Ao sair para as compras leve uma lista dos materiais de que precisa. Se puder, leve fotos do projeto e das ideias que tem em mente. Sabe aquela história de ir para o supermercado com fome? É mais ou menos isso. Sair de casa para comprar materiais sem levar uma lista e sem planejamento é prato cheio para comprar as coisas erradas (ou se jogar nos supérfluos bonitinhos e se esquecer do essencial). Mas permita-se também a ocasionalmente levar alguns materiais incríveis e aleatórios, no estilo "um dia ainda vou precisar disso!". Vai que, né?

Loja favorita da Cláudia:

Botoneria Artística

Rua Sebastião Pereira, 45, Santa Cecília,

São Paulo, SP, tel.: (11) 3331-3044

"A loja deve ter uns cinquenta anos e ainda é administrada pelo mesmo casal de espanhóis. O atendimento depende do humor deles. Adoro a bagunça, o sistema de balcão e os novelos afundados em prateleiras que vão até o teto nesta loja pequena de bairro e pé-direito alto. Fica perto do Minhocão, em uma portinha que passa desapercebida. O nome remete à época em que as pessoas costuravam ou encomendavam roupas, e os botões davam um tchan na produção! Costumo ir lá para pregar ilhoses."

Loja favorita da Andrea:

Loja Momotaro

Avenida Lins de Vasconcelos, 2.747, Vila Mariana,

São Paulo, SP, tel.: (11) 5549-5052

"Papelaria familiar de bairro, da qual sou cliente desde a infância. Tem de tudo um pouco, desde material escolar até material de desenho e artesanato básico. O atendimento é à moda antiga, no balcão. As donas dão um descontinho especial para todos os clientes!"

We ♥ costurar

Oh! O mundo maravilhoso dos tecidos, aviamentos e botões... Levanta a mão quem nunca entrou numa loja de tecidos e hiperventilou ao se deparar com estampas maravilhosas e suas infinitas possibilidades. Mas os lindos cortes de tecidos, para ter uma função, precisam ser transformados em objetos decorativos ou funcionais. É aí que entra a mágica da costura! Talvez seja por isso que a máquina de costura já se tornou objeto de desejo de muita gente por aí.

Hoje os cursos de costura não atraem somente quem quer se tornar costureiro profissional. Agora estão muito mais práticos e acessíveis. A ideia então é aprender o básico para conseguir pilotar a máquina e produzir itens para você e para sua casa. Conhecemos designers, arquitetos e até desenvolvedores que amam fazer suas costurices nas horas vagas. Costuram para sair da frente do computador, para desestressar, para levar uma vida mais leve e criativa.

A costura proporciona atualmente algo muito importante: autonomia. Com uma máquina você mesmo faz suas reformas e customizações, sem depender de ninguém. Da barra da sua calça até a decoração exclusiva do seu lar doce lar ou simplesmente mimos em tecido que viram presentes inesquecíveis! Mil e uma possibilidades!

Tem vontade de aprender a costurar? Imagine que a máquina de costura é o seu carro. Você está no controle da velocidade, do caminho. Até acelerador ela tem! Os riscos da costura são bem menores que os do trânsito, o único acidente que você pode ter é, ao pisar no pedal, encontrar uma agulha muito afiada e acelerada, ai!

FAQ: Minha primeira máquina de costura

Qual é a máquina de costura mais indicada para mim?

Ó, dúvida cruel. Para cada tipo de trabalho existe a máquina de costura ideal, ou aquela que melhor atende às necessidades do momento. Para começar, recomendamos uma máquina doméstica basiquinha e honesta – mecânica, com costura reta e zigue-zague.

Pesquise os modelos e marcas na web e pergunte para as pessoas sobre as máquinas que elas usam. Vá até uma loja e experimente usar a máquina em que está de olho para ver se corresponde às suas expectativas. Verifique a facilidade de uso, facilidade de transporte (se for o caso), robustez do motor, assistência técnica e garantia. Em um segundo momento, dependendo da sua evolução, você pode investir em uma máquina mais avançada, talvez uma eletrônica, com mais opções de pontos, bordados e até overloques.

Como aprender a usar a máquina de costura?

Alguns lugares que vendem as máquinas oferecem também cursinhos rápidos para novos costureiros aprenderem o básico para pilotá-las. Verifique se eles existem na sua cidade.

Máquina de costura nova ou usada?

A resposta é: depende do tipo de costura que você fará! Se sua ideia é começar a costurar pra valer, invista em uma máquina nova básica. Elas têm mais ajustes, design e costumam ser portáteis e mais silenciosas. Sem contar a garantia, se der algum problema.

Mas para usar ocasionalmente e fazer pequenos consertos uma máquina antiga servirá muito bem. Pode ser que você herde uma da sua avó. Eba! Essa é uma ótima maneira de começar a costurar! As máquinas antigas costumam vir embutidas em mesas de madeira que ocupam bastante espaço, mas se precisar de mobilidade e mesmo assim quiser uma usada, você pode comprar uma caixa de madeira em lojas especializas para embutir a máquina – e usá-la onde quiser. No Bom Retiro, em São Paulo, nas ruas Mamoré, Newton Prado e da Graça há lojas que vendem peças de reposição e oficinas que consertam máquinas de costura novas e antigas.

Vale a pena consertar uma máquina de costura antiga?

Na maioria das vezes sim, principalmente se for uma que tem alguma história da sua família. Mas antes verifique com um técnico de confiança o valor do conserto e se as peças de reposição para ela continuam disponíveis no mercado.

Onde aprendo a costurar pra valer agora que já sei ligar e passar linha na máquina?

Nada como ter uma professora sentada do seu lado ensinando com toda a paciência e ajudando quando a linha embolar toda no tecido. Procure aulas de costura básica na sua cidade. Em São Paulo, indicamos o ateliê Rainhas da Costura, que oferece vários cursos e oficinas.

A melhor coisa para quem não quer ser costureiro profissional é aprender com projeto, com aulas práticas. Assim, você aprende fundamentos básicos ao mesmo tempo que produz itens funcionais e decorativos. Se quiser a linha autodidata, procure na web milhares de vídeos e passo a passo de costura para todos os níveis.

Dicas para uma costura sem estresse

1. Muita atenção na hora de riscar o tecido e cortá-lo. Faça com precisão, pois nem a melhor máquina de costura pode salvar um projeto cujas partes foram mal-cortadas ou ficaram tortas. Se usar um molde de papel, alinhe muito bem no sentido do fio e prenda-o com alfinetes sobre o tecido para não correr o risco de que se mova enquanto você corta.

2. Invista em bons alfinetes. Os melhores alfinetes de costura são os longos e que têm cabeça pequena ou chata, que não fazem volume no tecido no momento de costurar. Alguns mais *high tech* têm a cabeça especial, que não derrete ao ser passada a ferro. Como referência, os importados da Prym e Clover são muito bons – mas caros.

3. A linha fica toda embolada quando você vai costurar? Não tem coisa pior! Antes de qualquer coisa, verifique se a linha foi passada na máquina corretamente. Linha que embola embaixo geralmente foi mal-passada na parte de cima da máquina. Linha

que embola em cima geralmente foi mal-passada na bobina. Cheque antes que embole. Fica a dica!

4. Os alfinetes são seus melhores amigos. Lembre-se sempre disso, especialmente se você é novato na costura à máquina. Outra opção é alinhavar à mão (aqueles pontões feitos com linha e agulha) para deixar os tecidos posicionados no lugar certo. É uma preparação que demora um pouco mais, mas que vale a pena, afinal, nada mais irritante do que ter de desmanchar uma costura que saiu errada. Alfinete antes de costurar, sempre!

5. Ah, o mundo mágico das sapatilhas e pezinhos calçadores! Existem sapatilhas próprias para quase todas as tarefas da máquina: pregar zíper, fazer casa de botão, pregar viés, fazer barra fina, quiltar e por aí vai. Elas podem ser compradas avulsas, em lojas especializadas, mas lembre-se de verificar se elas são compatíveis com a marca e o modelo da sua máquina.

6. Existe uma agulha certa para cada tipo de tecido a ser costurado – a diferença são as pontas mais afiadas ou mais arredondadas. Existe agulha própria para tecido leve como a seda, para malha (ponta bola), para uso geral e para tecidos pesados. Te-

nha sempre agulhas de uso geral (essa é a que você vai usar mais!) na caixinha de costura e lembre-se de trocá-las de tempos em tempos – assim, você não vai reclamar que sua máquina anda pulando ponto...

7. Se precisar costurar várias camadas de tecido grosso, vá devagar. Tire o pé do pedal e mova a agulha girando o volante manualmente para costurar os pontinhos. Esse macete funciona bem para costurar tecidos com camadas sobrepostas e partes que têm emendas mais volumosas.

8. Reserve uma tesoura apenas para cortar tecidos. A tentação de cortar tudo com ela é grande, mas resista a qualquer custo! Nada pior que uma tesoura cega, que mastiga o tecido na hora do corte.

9. Tarde demais! A tesoura dos tecidos ficou cega... O ideal então é levá-la para um amolador de sua confiança, principalmente se for uma tesoura cara. Mas se precisar resolver o problema rapidamente, uma solução caseira é amolar a tesoura em uma garrafa ou copo. Abra a tesoura e faça movimentos como se estivesse cortando o vidro na boca do copo ou no gargalo da garrafa. Dica do tempo da vovó que sempre funciona.

10. Está sem lápis branco para riscar tecido escuro? Experimente usar lápis de cor branco ou então aquele restinho fino e seco de sabonete que sobrou no banheiro, com uma ponta.

11. As máquinas de costura também precisam de limpeza. Lembre-se de limpar com um pincel macio a caixa de bobina retirando restos de linhas e poeira que se acumulam lá dentro. E lubrifique a máquina de tempos em tempos, sempre com óleo próprio para máquinas de costura. Pingue uma gotinha de óleo na caixa de bobina e nos furinhos indicados no manual.

12. Se você costura muito, marque na agenda uma data para uma manutenção preventiva anual na sua máquina. Às vezes, ela não apresenta nenhum problema aparente, mas é sempre melhor prevenir do que sair correndo atrás de conserto naquela hora que há uma encomenda urgente para entregar.

PROJETOS PARA FAZER E SE INSPIRAR

Vinte ideias

Agora, chegou a hora da parte mais divertida deste livro! São vinte projetos para fazer, explicados passo a passo, ilustrados com fotos, esquemas e moldes! Para quem está começando a se aventurar nas costurices, temos projetos à máquina e também à mão. Mas, antes de se jogar, confira as definições, listas e dicas a seguir.

Lunchbag origami

Mochila multiuso

Avental

Colar de retalhos

Envelope de tecido

Jogo americano

Almofada de nuvem

Gravata-borboleta

Aplicação de bolso

Bolsa de crochê

Descanso de panela

Alfineteiro

Porta-cartas

Cabide

Chapéu de aniversário

Saquinho multiuso

Medalha de fita

Fio decorativo

Asas refletivas

Caixa para suculentas

Quando mencionarmos kit de costura, estamos falando de

- Máquina de costura
- Linha
- Agulha
- Alfinetes
- Régua de 60 cm
- Giz ou caneta para riscar tecido
- Ferro de passar roupa
- Tesoura

Separe os materiais e força na costura!

A escolha dos tecidos

Os tecidos de algodão nacional que são os mais indicados para os projetos deste livro são o tricoline (algodão mais grosso e nobre, encontrado em várias estampas legais) e o popeline (algodão mais fino e econômico). Outros tecidos que vale a pena conhecer são a chita (estampas florais em cores fortes) e o bobyleen (tecido misto de algodão e poliéster, baratinho e com estampas miúdas).

Não tenho máquina de costura, e agora?

A máquina de costura é um equipamento ótimo, que aumenta a sua produtividade. Se não tiver uma máquina, não deixe de realizar os projetos por causa dessa limitação. Use o método tradicional, costurando à mão. Pode demorar muito mais tempo para acabar, mas tudo bem, porque é terapêutico e o resultado final é o mesmo!

Para evitar o encolhimento do tecido

Tome cuidado extra com os tecidos de puro algodão. Para ter certeza de que não vão encolher depois, lave-o antes de cortar. Basta dobrar, molhar por alguns minutos na água, centrifugar na máquina e deixar secar bem esticado no varal. Se ficar amassado, passe a ferro para obter melhores resultados.

Direito e avesso

Verifique qual é o lado avesso e o direito do tecido antes de cortá-lo. Nos tecidos estampados, apesar de serem parecidos, eles são diferentes – o lado direito tem cores mais vivas e o avesso é mais borrado. Nos tecidos de fio tinto xadrez, os lados avesso e direito são iguais.

Cortando o tecido

Corte o tecido sempre bem esticado em uma superfície reta – e não no ar! Uma mesa, bancada ou base para corte própria para *patchwork* ajudam bastante nessa tarefa.

No momento do corte, siga sempre o sentido da trama e trace uma linha com giz de tecido e régua ou use o molde – nada de ir só no olhômetro. Lembre-se de que as ourelas, aquelas faixas de arremate brancas com a marca do fabricante, ficam sempre nas laterais do tecido, no sentido do comprimento.

Emendas

Se estiver trabalhando com tecidos que têm estampas grandes, preste sempre atenção nas emendas de padrões – isso pode influenciar no visual do projeto e no rendimento do tecido.

Lunchbag origami

Sacolinha de tecido em estilo japonês

Em tempos de alimentação saudável, muita gente está adquirindo o hábito de carregar consigo seu próprio almoço ou lanchinho. Nós, inclusive, estamos nessa há bastante tempo e sempre que possível preparamos uma lancheira para levar para o trabalho. Esta sacolinha, que apelidamos de *lunchbag* origami, foi inspirada nas sacolas em estilo *furoshiki*, tecidos que os japoneses usam diariamente para levar seus almoços fora de casa. Não há nada de *high tech* aqui, nossa sacolinha tem formato minimalista e conta com uma surpresa em sua construção – apenas dois simples retângulos de tecido costurados em pontos estratégicos. Você dobra aqui, vira acolá e... eureca! Venha aprender o segredo e faça a sua *lunchbag* origami!

Você precisará de:

- 1 retângulo de tecido de 91 X 31 cm para a parte externa
- 1 retângulo de tecido de 91 X 31 cm para a parte interna
- Kit de costura

Como fazer?

1. Posicione os dois retângulos de tecido um sobre o outro, lado direito com direito. Alfinete toda a borda e costure deixando 0,5 cm de margem. Não se esqueça de deixar uma abertura de aproximadamente 5 cm em uma das laterais para virar a peça.

2. Vire a peça para o lado direito pela abertura que ficou na lateral. Em seguida, feche-a à máquina ou dê pontinhos com agulha e linha. Passe a peça a ferro para abrir as costuras.

3. Agora a dobradura dará a forma da sacola! Dobre o retângulo como uma sanfona, em três partes, como mostra a imagem. Você terá três quadrados dobrados, um por cima do outro, em três camadas.

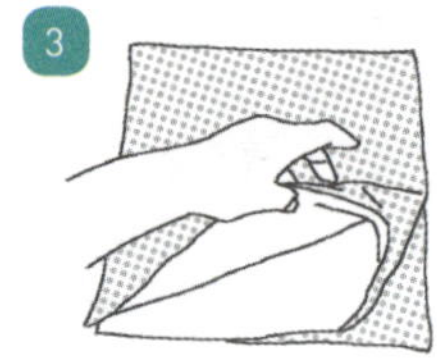

4. Alfinete a peça unindo as duas primeiras camadas apenas na parte inferior do quadrado.

5. Agora alfinete unindo as duas últimas camadas apenas na parte superior do quadrado.

6. Pesponte as camadas alfinetadas à máquina, costurando juntas as duas camadas superiores e as duas inferiores, e deixe uma pequena margem a 0,2 cm da borda do teci-

do. Não se esqueça do retrocesso no início e no final da costura.

7. Vire a peça para o lado externo e verifique como está ficando sua sacola. O formato deve lembrar a dobradura de um barquinho de papel.

7

8. Vire a peça novamente, agora para o avesso, e passe uma costura reta de 6 cm em 90 graus em cada uma das pontas laterais do fundo. Assim, o fundo da sacola ficará retangular e criará uma base para a sua marmita.

9. Agora vire novamente para o lado direito e, para finalizar, dê um nó nas pontas para transformá-las em uma alcinha.

Dicas

- ✔ Esta sacolinha pode ser feita com tecidos variados, inclusive estampados por você (veja como estampar tecidos na página 84).
- ✔ Para um nó quadrado que não desata fácil (o famoso nó de *furoshiki*), siga estas instruções em duas etapas. Etapa 1: sobreponha a ponta esquerda sobre a direita e passe a ponta direita por baixo e por dentro do nó. Etapa 2: sobreponha a ponta que ficou à direita sobre a esquerda e passe a ponta esquerda por cima e por dentro do nó. Se você ainda não entendeu, acesse este vídeo pelo **QR code**!

Mi-ni-ma-lis-ta

Mochila multiuso

Este craft é bem simples. São poucas costuras, todas elas retas, ideal para quem está começando a usar a máquina de costura. É um projeto que, como uma boa receita de bolo de chocolate, você vai querer repetir mais vezes. O grande pulo do gato aqui é a escolha do tecido principal, dos detalhes contrastantes e de como combiná-los entre si. Na sua próxima visita à uma loja de tecidos, lembre-se de garimpar material para produzir a sua versão desta simpática mochilinha.

Você precisará de:

- 1 retângulo de tecido de 90 X 42 cm
- 2 retângulos de tecido de 6 X 42 cm
- Tecido de 20 X 20 cm para o reforço dos cantos
- 1 par de cadarços, com 2 m de comprimento cada
- 2 ilhoses grandes
- Kit de costura

Como fazer?

1. Dobre o retângulo da mochila na parte mais longa para encontrar o meio.

2. Corte diagonalmente o quadrado de tecido pequeno que será usado para reforçar os cantos. Você ficará com dois triângulos.

3. Dobre margens de 1 cm do lado interno, passando a ferro para marcar. Corte as pontas para facilitar a costura, conforme o esquema.

3

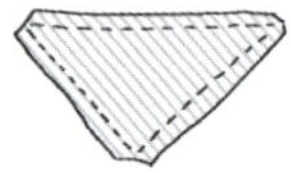

4. Com alfinetes, fixe os triângulos de tecido na parte do meio do tecido, um para cada lado. A base do triângulo ficará alinhada com a margem do retângulo, e a ponta do triângulo passará pelo meio do retângulo.

4

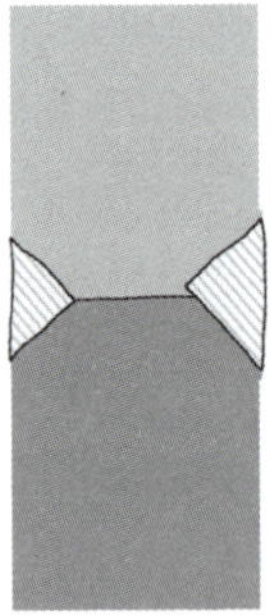

5. Os retângulos de tecido pequenos serão o canal superior por onde passa o cadarço. Dobre margens de 1 cm do lado direito para o avesso e passe com ferro para marcar. Dobre as tiras ao meio no sentido horizontal, ficando com dois pedaços de tecido de 2 X 40 cm.

6. Posicione cada uma das tiras nas bordas de 42 cm do tecido, de forma centralizada, conforme a imagem a seguir. Costure

6

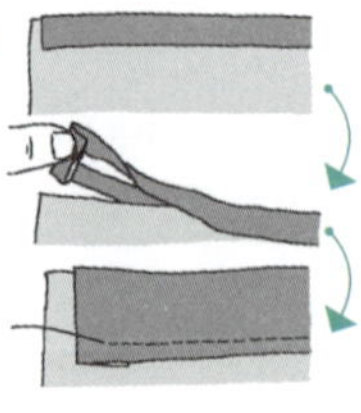

à máquina e lembre-se do retrocesso no início e no final da costura.

7. Em seguida, costure os triângulos no retângulo.

8. Com o tecido do lado avesso, dobre-o ao meio, posicionando avesso com avesso. Alfinete e costure ambas as laterais, deixando uma margem de 1 cm, parando antes do passante. Lembre-se do retrocesso no início e no final da costura. Corte os pedacinhos de tecido ao lado do passante, conforme a imagem a seguir.

8

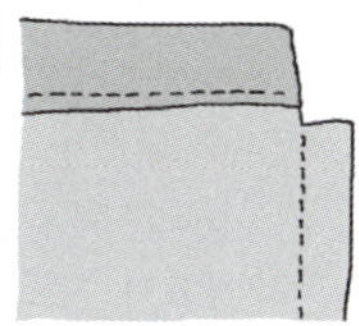

9. Desvire a mochila e passe a peça a ferro para acertar as costuras.

10. Aplique o par de ilhoses pelo lado de fora, um em cada ponta.

11. Passe o cadarço pelo vão da borda superior usando um alfinete de segurança, como na imagem.

11

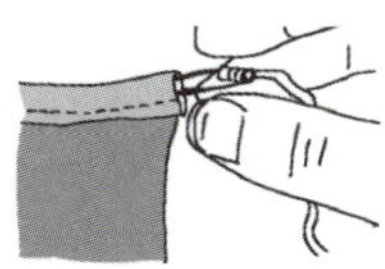

12. Deixe o cadarço reto, sem tensão. Passe as pontas dos cadarços pelos ilhoses e dê um nó na ponta, cortando o excesso.

12

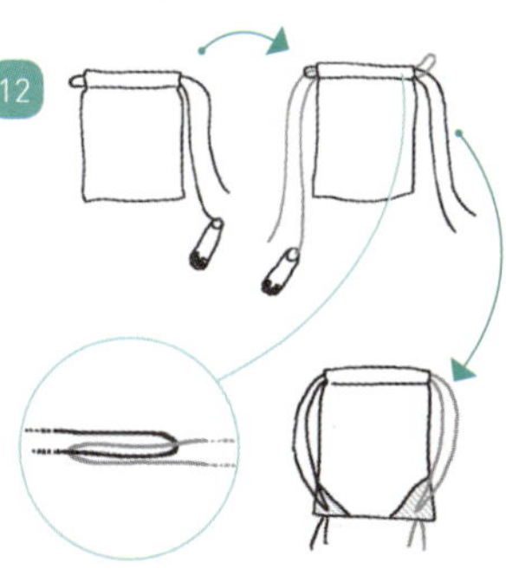

Dicas

- ✔ Não tem um balancim em casa para pregar os ilhoses? Você pode conseguir esse serviço em um sapateiro ou em um armarinho de bairro. Existem vários tamanhos dessa peça de metal, por isso, leve o cadarço que vai usar para medir se os dois cordões realmente passam pelo buraco.

- ✔ Quer ir além? Experimente colocar um bolso na sua mochilinha. Funciona bem na parte interna, para guardar chaves e outras miudezas, ou até mesmo na parte externa. Nesse caso, pregue o bolso no painel antes de uni-lo à outra parte.

- ✔ Se você não tem um corte de tecido na medida exata do projeto, experimente costurar retalhos, no estilo *patchwork*. A mochila ficará bem mais colorida e com a sua cara!

- ✔ Brinque também com os tecidos. Usamos tricoline, mas você pode usar sintéticos, chita e até tecidos plastificados!

Eu quero uma casa no campo

Avental de tecido xadrez com aplicações

Xadrez vichy e bordado xadrez são uma combinação super-retrô, mas, em nossa opinião, têm tudo de moderno pois são simples, aconchegantes e repletos de boas intenções. Se existisse uma categoria de "comfort crafts", eles com certeza estariam lá na primeira fila, junto de todos aqueles trabalhos manuais queridos que lembram a infância: apliques de tecido, ponto de cruz, casinha de abelha, bordado em talagarça, detalhes singelos feitos com fitas galão e sianinhas. Este avental carregado de nostalgia é o nosso purê de batatas! É uma ótima oportunidade para tentar fazer um bordado no tecido xadrez, também conhecido lá fora como *chicken scratch.*

Você precisará de:

- Tricoline de algodão xadrez com quadrados de 0,5 cm
- Agulha e linha mouliné para bordado nas cores branca e vermelha
- Kit de costura

Como fazer?

Corte o tecido nas reguintes formas:

- Avental: retângulo de 70 X 48 cm e uma tira para a pala de 54 X 12 cm.
- Bolsos: 4 retânculos de 16 X 17 cm.
- Cinto: 2 tiras de 67 X 10 cm.

A margem de costura para este projeto será sempre de 0,5 cm, exceto quando outra medida for especificada.

Prepare os bolsos

1. Em um retângulo do bolso, centralize o motivo de coração (veja molde na página 192) e borde a imagem usando fio duplo. Repita o mesmo bordado em um segundo retângulo.
2. Posicione um retângulo bordado frente a frente com outro retângulo de tecido sem bordado e alfinete as bordas. Faça o mesmo com os outros dois retângulos.
3. Pelo lado avesso, costure à máquina todo o contorno dos bolsos, deixando uma abertura lateral de 3 cm para virar.
4. Vire os bolsos para o lado direito pela abertura lateral e acerte os cantinhos com um lápis ou em objeto pontiagudo. Passe a ferro para abrir as costuras.

Prepare a saia

1. Faça uma bainha dupla na barra da saia e em suas laterias, dobrando o tecido duas vezes e deixando cada dobra com 0,5 cm. Passe a ferro para marcar e costure toda a barra à maquina.

2. Marque com alfinetes as seis pregas na parte superior da saia conforme o esquema.

3. Faça o bordado (veja molde na página 192) usando fio branco duplo nas pregas de forma a fixá-las no lugar. Ao bordar em tecido xadrez, atente-se ao espaçamento e alinhamento dos quadrados do tecido. Conforme for bordando, retire os alfinetes das pregas.

4. Alinhe a tira da pala com a parte superior e bordada da saia. Alfinete deixando sobrar 1 cm do tecido da pala no topo e 1 cm em cada lateral. Costure.

5. Dobre a tira da pala para trás de forma a esconder o verso do bordado da cintura. Para fechar, passe a ferro a margem inferior dobrando em 1 cm a borda inferior da tira. Alfinete e pesponte bem a margem dobrada apenas na parte inferior. Esse pesponto deverá ficar abaixo do motivo bordado na frente do avental. As laterais da pala devem permanecer abertas para inserção das tiras em seguida.

2

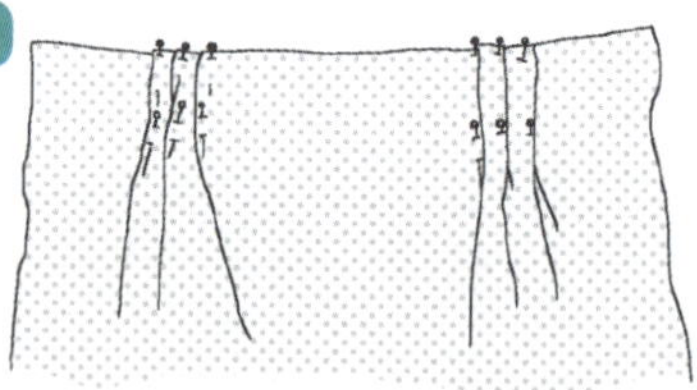

3

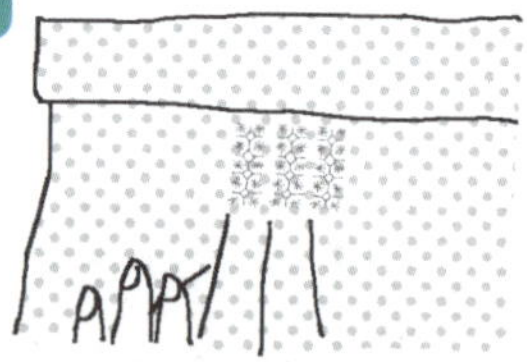

4

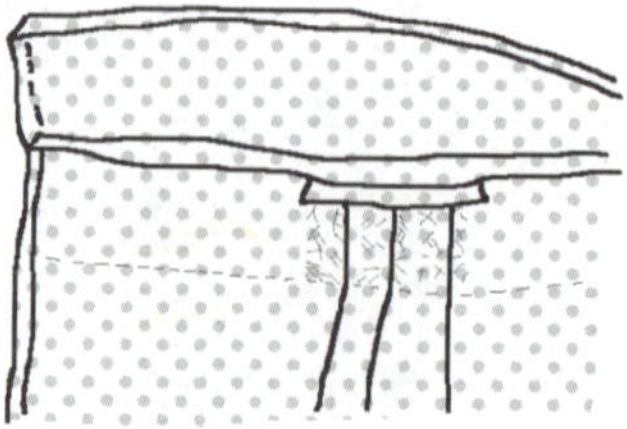

5

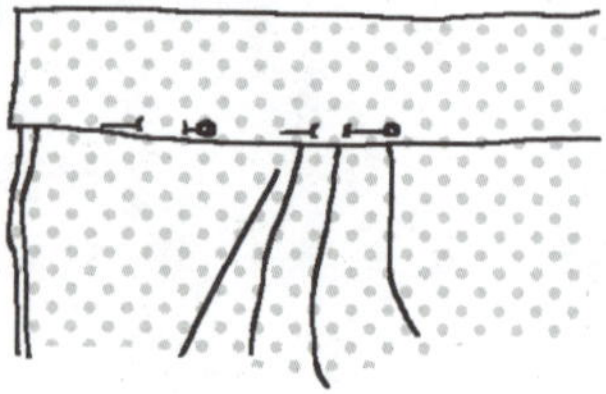

6. Posicione o primeiro bolso do lado esquerdo do avental, a 10 cm de distância das pregas. Alfinete-o para mantê-lo no lugar. Pregue o bolso pespontando à maquina as duas laterais e a parte inferior à 0,2 cm de margem do tecido do bolso. Lembre-se de deixar aberta a parte superior e aproveite para fechar a abertura lateral do bolso à maquina durante o pesponto.

Inserindo as tiras na pala

1. Dobre uma das tiras de tecido ao meio no sentido do comprimento, avesso com avesso. Costure à máquina uma das pontas e todo o comprimento, formando um tubo. Repita o processo com a segunda tira.
2. Vire as tiras para o lado direito com a ajuda de um lápis ou objeto comprido. Passe a ferro para abrir as costuras.
3. Insira a ponta aberta da tira em uma das aberturas laterias da pala, dobrando as sobras de 1 cm da pala para dentro. Alfinete para manter tudo no lugar e pesponte à máquina para prender a ponta da tira na pala. Repita o mesmo processo para a tira do outro lado da pala.

3

Finalizando o avental

1. Pesponte todo o comprimento e pontas da costura das tiras para mantê-la aberta e dar acabamento. Faça esse pesponto bem rente à borda do tecido, mantendo uma distância de cerca de 0,1 cm.

2. Faça a bainha simples nas duas laterais do avental, dobrando a borda do tecido em 0,5 cm. Primeiro passe a ferro para marcar, depois costure à máquina.

Dicas

✔ Se estiver iniciando suas aventuras no mundo das costurices à máquina, o xadrez fio tinto é seu grande amigo. Como na maioria das vezes ele não tem frente e verso, qualquer lado que você escolher é o lado "certo". Assim, você não corre o risco de errar o lado da costura!

✔ Para que os cantos do bolso e da tira da cintura fiquem bonitos e sem volume ao serem virados, faça um pequeno corte diagonal nas pontas do tecido, mas tome o cuidado de não cortar os pontos.

Molde página 192

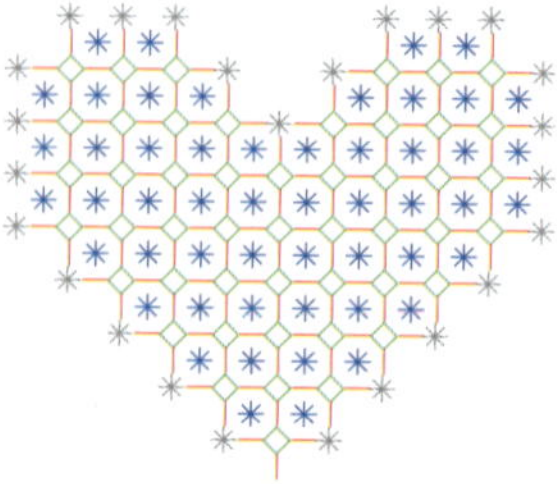

Patch colar

Colar de retalhos

Um adorno vistoso incrementa qualquer produção, principalmente aquelas roupas de cor neutra, que pedem um algo mais. Foi pensando nisso que criamos este *patch colar*, uma peça delicada que você faz aproveitando seus retalhinhos, aqueles que sobram de outras costuras e você guarda na gaveta para um dia eventualmente usar. Para compor o colar, está totalmente liberado mesclar um pouco de tudo: motivos florais, vichy, poás, estamponas e estampinhas. O que importa é criar seu mix de estampas e deixar seu colar supercraft e colorido.

Você precisará de:

- Retângulos de 4 cm de largura de tricoline de algodão em cinco estampas – o comprimento de cada retângulo não importa desde que a tira total atinja 1,40 m
- 6 contas cilíndricas de madeira ou de plástico com 3 cm de comprimento e 0,5 cm de diâmetro
- Agulha de tricô ou espeto comprido
- Kit de costura

Como fazer?

> A margem de costura para este projeto será sempre de 0,5 cm, exceto quando outra medida for especificada.

1. Separe dois retângulos de tecido e una-os costurando à máquina na largura. Continue unindo os retângulos até formar uma tira de cerca de 1,40 m de comprimento total.

2. Dobre a tira ao meio no comprimento, lado direito com direito. Alfinete por todo o comprimento para facilitar a costura. Passe uma costura à máquina começando em uma das pontas e passando por todo o comprimento. Deixe a outra ponta aberta. Você terá um tubo com uma abertura em uma das pontas.

3. Com uma tesoura, apare as margens do tecido a 0,2 cm da costura para diminuir ao máximo o volume da tira. A espessura do tubo deve ser suficiente para as contas passarem por ele com pouca folga. Verifique se elas passam.

4. Com a ajuda de uma agulha de tricô ou espeto, vire o tubo que estava do avesso para o lado direito. Esta etapa requer um pouco de paciência, pois o tubo é estreito. Depois de virá-lo, passe o tubo de tecido a ferro para abrir bem as costuras e transformá-lo em uma tira plana.

5. Dê um nó no tubo a aproximadamente 36 cm da ponta fechada. Insira a primeira conta pelo tubo até chegar ao nó. Em seguida, dê outro nó. Vá inserindo mais contas e dando nós, de modo a distribuir as contas e os nós ao longo do tubo, uniformemente.

6. Ao inserir a última conta dê um nó final para que fique tudo no lugar.
7. Feche a ponta da tira que ficou aberta empurrando a ponta do tecido para dentro do tubo e dando pequenos pontos com linha e agulha para dar o acabamento.
8. Finalize o colar com um nó unindo as duas pontas da tira.

Dicas

- ✔ Caso não encontre contas do tamanho adequado, substitua por cavilhas de madeira, utilizadas em marcenaria.
- ✔ Use cores contrastantes nas duas pontas para que o nó fique com cores interessantes no final.
- ✔ Mude a cara do seu colar. Experimente trocar as contas compridas por bolas de madeira e substitua o tecido de algodão por uma malha fina e elástica.
- ✔ Em vez de dar nozinhos no tubo, experimente usar uma fita fina para amarar o espaço entre uma conta e outra. Dê nozinhos com a fita e corte as pontas bem rentes para dar o acabamento.

Carta para você

Envelope porta-cartões de tecido

Envelope de papel, todo mundo tem. Mas já pensou um envelope diferente, de tecido? Nós fizemos uma versão pequena, que pode ser usada como porta-cartões. Uma versão média pode ser usado como porta-óculos ou porta-badulaques, sempre úteis para carregar na bolsa.

E para você que enjoou das estampas de tecido que encontra por aí, nós temos uma ótima sugestão! Crie você mesmo suas próprias estampas e padrões. A maneira mais simples é usar um carimbo de borracha. Foi essa técnica que usamos neste envelopinho têxtil que vamos ensinar a fazer agora!

Você precisará de:

- Retalho de tecido para o envelope
- Retalho de tecido para o forro
- Botão de pressão
- Kit de costura

Como fazer?

Para o envelope porta-cartões

1. Transfira o molde do envelope (veja página 193) para uma folha de papel, amplie conforme o tamanho desejado e recorte. Com a ajuda de lápis ou giz para tecido, risque o contorno do molde no verso do tecido do envelope, inclusive a marcação da abertura.

2. Recorte o tecido grosseiramente sem contornar, formando um quadrado ao redor do molde. Recorte um quadrado do mesmo tamanho para o forro.

3. Colocando o lado direito do tecido sobre o lado direito do forro, alfinete para manter os dois painéis juntos, mantendo o risco do contorno do envelope virado para o lado de cima.

4. Na máquina de costura, pesponte exatamente por cima do contorno, deixando uma abertura de 4 cm no lugar indicado.

5. Apare o excesso de tecido do contorno do envelope, deixando uma margem de 0,5 cm ao redor do pesponto.

6. Pela abertura, vire o envelope para o lado direito. Com a ajuda de um lápis, acerte os cantos para que fiquem com 90 graus. Passe a peça a ferro para abrir e acertar as costuras.

7. Feche a abertura dando pontinhos à mão com linha e agulha. Dobre e pregue também com pontinhos à mão as duas laterais do envelope sobrepondo a aba inferior.

Cotman
Water Colours
Burnt Umber
8ml
.27 U.S. fl.oz.

8. Pregue um pequeno botão de pressão para fechar o envelope, também com linha e agulha.

Para o envelope médio

Siga as etapas do feitio do envelope pequeno e inclua um pesponto à máquina a 0,3 cm da borda por todo o contorno da peça aberta, ou seja, antes de fazer as dobras das laterais e da aba inferior.

Dicas: estamparia DIY com borracha

- ✔ Forre a mesa com papel antes de começar. Separe um lápis cuja borracha na ponta ainda esteja nova, sem uso. Coloque um pouco tinta de tecido em uma bandejinha de isopor e molhe a borracha, sem encharcar demais para não vazar para o outro lado do tecido. Simples assim. Carimbe como se não houvesse amanhã, sempre colocando mais tinta a cada contato da borracha com o tecido.

- ✔ Crie um padrão com as bolinhas carimbadas e o espaço negativo. Vale tanto deixar espaços uniformes entre elas como concentrar os poás em apenas uma parte do tecido. Deixe o tecido secar bem e use-o para seu próximo envelope ou qualquer outro projeto!

- ✔ Não gosta de poás? Crie outros carimbos personalizados. Desenhe formas simples em uma folha de EVA de 0,5 cm de espessura, recorte e cole sobre uma base de madeira.

- ✔ Ao produzir seus carimbos de letras, lembre-se de que elas devem ser espelhadas, caso contrário, você ficará com uma palavra carimbada ao contrário, para ser lida no espelho!

Almoço nota 10

Jogo americano com bordado de caderno

Quanto mais digital se torna o mundo, mais gostamos de bons e velhos cadernos. Aquelas folhas branquinhas, as linhas azuis, a margem vermelha... E gostamos tanto, que decidimos levar esta paixão para a cozinha. O encanto deste jogo americano é o tema caderno escolar! Apesar de ser um projeto simples de executar, o desafio aqui é costurar o plástico à máquina. Mas é claro que para quem nunca fez isso antes daremos dicas para uma costura sem estresse.

Você precisará de:

- 4 pedaços de feltro branco de 44 X 30 cm
- 140 x 100 cm de plástico de mesa transparente com 0,2 cm de espessura
- Linha de pesponto nas cores rosa e azul
- 6 m de viés
- Kit de costura

Como fazer?

1. Com a linha azul na máquina, faça pespontos na largura, de ponta a ponta. Eles serão as linhas horizontais do caderno. Use o próprio pé calcador da máquina como medida padrão de distância entre uma linha e outra – cerca de 2 cm.

2. Troque a linha da máquina para a cor rosa e faça um pesponto na vertical do lado esquerdo do feltro, deixando uma margem de 2 cm a partir da borda.

3. Cubra o feltro com o plástico na frente e no verso, fazendo um "sanduíche", e prenda com alfinetes para segurar tudo no lugar.

4. Com linha comum branca, costure o viés em volta do retângulo, nos quatro lados. Uma sugestão é arredondar os cantos levemente para facilitar a prega do viés.

Dicas

✔ O ideal para costurar plástico é usar um pé calcador de Teflon. Se não tiver, improvise colando um pedaço de fita crepe em sua base.

✔ Aproveite retalhos do feltro e do plástico para testar antes de partir para a peça final.

✔ O tamanho do jogo americano é padrão, mas ele pode ter uma medida menor, de acordo com o espaço de sua mesa.

✔ Não tem problema se as linhas ficarem um pouco tortinhas, imperfeitas. Afinal, foi feito em casa e não comprado em uma loja!

Cúmulus

Almofada em forma de nuvem

Já pensou em ter em casa uma nuvem macia e só sua? Dependendo do tecido que usar, ela pode deixar aquela poltrona da sala mais charmosa, ou ainda pode decorar o quarto de uma criança. Use o mesmo tecido para a frente e o verso ou brinque com combinações e *composés* de estampas suaves.

Você precisará de:

- Tecido de algodão
- Fibra acrílica siliconada suficiente para o enchimento
- Linha e agulha de bordado
- Kit de costura

Como fazer?

1. Amplie o molde da nuvem (veja página 194) para o tamanho desejado e transfira para uma folha de papel.
2. Posicione o molde sobre o tecido (alfinete tudo, para não sair do lugar) e recorte os dois painéis em formato de nuvem.
3. Costure à máquina, obedecendo o contorno das nuvens e deixando uma margem de 0,5 cm e uma abertura de 5 cm para virar a peça no local indicado.
4. Antes de virar, faça pequenos piques com a tesoura nas áreas indicadas.
5. Vire a nuvem para o lado direito pela abertura e passe a ferro para abrir as costuras.
6. Encha a nuvem com fibra siliconada, caprichando no preenchimento e distribuindo-a bem para que o recheio fique uniforme.
7. Feche a abertura por onde passou a fibra dando pequenos pontinhos à mão com linha e agulha.
8. Para os nós tipo capitonê, use agulha e linha de bordado mouliné em fio duplo. Dê um nó na ponta da linha e passe a agulha em um dos pontos marcados na nuvem, do avesso para o lado direito. Enfie a agulha novamente bem próxima ao local que saiu a linha e volte com ela trazendo a linha para o lado avesso. Dê um nozinho bem apertado com as pontas de linha que sobrarem e corte. Nos outros pontos marcados, repita o mesmo nó. Eles darão um efeito mais fofinho à nuvem e ajudarão a segurar a fibra no lugar.

Dicas

- ✔ Nossa primeira escolha de tecido para a cúmulus são os de fibras naturais, como tricoline de algodão ou linho.
- ✔ Também é possível se aventurar com a cúmulus feita de malha macia e flexível. Para costurar a malha na máquina doméstica, use uma agulha de costura específica para malhas (com ponta bola) e ajuste o ponto para pontos flexíveis.
- ✔ Flanela de algodão bem macia é uma ótima pedida se a almofada for morar no quartinho do bebê.
- ✔ Caso queira uma capa de almofada removível para conseguir lavá-la, pregue um zíper horizontal no verso.

Molde página 194

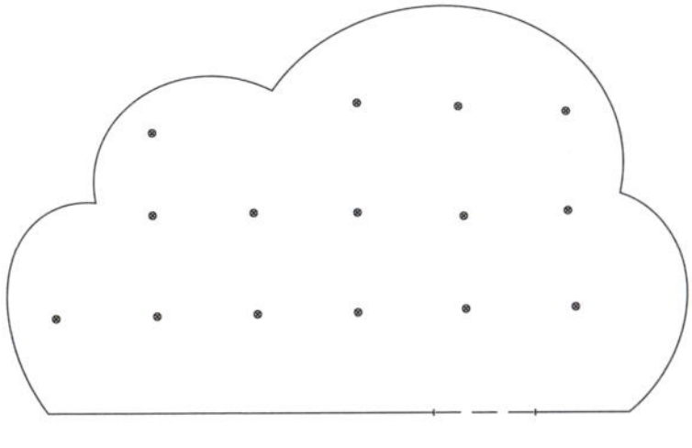

High society

Gravata-borboleta

Quem disse que gravata-borboleta tem de ser preta? O acessório voltou à moda e hoje aparece em tons bem coloridos, dando bossa a qualquer camisa em festas e em eventos especiais. Com tantos tecidos disponíveis e mãos criativas, o céu é o limite para inventar. Aqui damos as medidas para uma gravata masculina, mas para fazer uma versão feminina ou infantil, basta diminuir o comprimento da tira do pescoço. Qualquer retalhinho, liso ou estampado, tem potencial para se tornar uma gravata superbacana. E, então, vamos borboletear?

Você precisará de:

- Tecido de algodão
- Entretela termocolante
- 2 pares de colchetes ou um pedaço de velcro de aproximadamente 2 cm
- Kit de costura

Como fazer?

> A margem de costura para este projeto será sempre de 0,5 cm, exceto quando outra medida for especificada.

1. Corte o tecido e a entretela nas seguintes medidas:
   - Borboleta: tecido – retângulo de 25 X 12,5 cm
   - Entretela: retângulo de 24 X 11 cm
   - Tira central: tecido de 7,5 X 7,5 cm
   - Tira do pescoço: tecido de 49 X 7 cm

Borboleta

1. Com ajuda do ferro de passar, cole a entretela centralizada no avesso do tecido da borboleta.
2. Dobre o tecido da borboleta na metade da sua altura, colocando o lado direito com lado direito do tecido. Alfinete para manter tudo no lugar.
3. Passe uma costura à máquina pelo comprimento do retângulo, de modo a se obter um tubo com as duas laterais abertas. Não se esqueça de fazer o retrocesso no início e no final da costura.

Tira central

1. Repita o processo anterior com a tira central. Dobre o tecido ao meio, alfinete e passe uma costura à máquina por todo o comprimento do retângulo. Você terá um tubo com as laterais abertas, mas menor que o tubo da borboleta feito anteriormente.

Tira do pescoço

1. Dobre ao meio na altura a tira do pescoço e costure à máquina, dessa vez fechando uma das pontas no comprimento e deixan-

do a outra ponta aberta para que o tubo possa ser virado para o lado direito.

Montagem da gravata

1. Vire as três peças tubulares (borboleta, tira central e tira do pescoço) para o lado direito. Ajeite os tubos de forma a deixar a marca da costura centralizada no verso. Passe a ferro as três peças para posicionar as costuras no lugar. Para virar a tira do pescoço, um tubo estreito, veja o box de dicas.

2. Molde a borboleta. Dobre o tubo da borboleta ao meio trazendo as duas pontas para o centro e sobrepondo-as por aproximadamente 1 cm na parte de trás. Passe uma costura reta à máquina bem no centro para fixar as duas pontas. Com as mãos, faça a dobra central e duas pregas horizontais. Dê alguns pontinhos com linha e agulha bem no centro para fixar as pregas. Não se preocupe em costurar pontos perfeitos, pois eles serão cobertos pela tira de tecido logo mais.

3. Chegou a hora da montagem! Encontre o meio da tira do pescoço e marque. Posicione as três partes da gravata em uma mesa conforme a imagem. Primeiro, coloque a tira do pescoço, depois a borboleta, bem no meio, e envolva tudo com a tira central. Dobre a tira central que envolve a borboleta e a tira do pescoço juntas. Feche dando pontinhos à mão na parte de trás com linha e agulha.

3

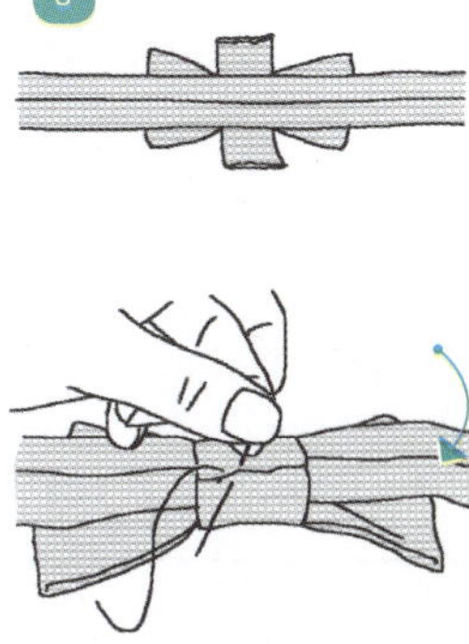

2. Faça o acabamento da ponta da tira do pescoço que ficou aberta. Vire as bordas do tecido para dentro da ponta do tubo em 0,5 cm e dê pequenos pontos à mão com linha e agulha.

3. Para fechar a tira da gravata, use velcro ou colchetes. Costure os quadrados de velcro à máquina nas pontas das tiras, pespontando ao redor dos dois quadrados. Se usar colchetes use dois pares pregados à mão, assim você terá dois níveis de abotoamento da gravata – nada de colarinho apertado!

Dicas

- ✔ Esta gravata fica muito bacana se for feita com tecido de tricoline estampado ou fio tinto de algodão. Ao optar por esses tecidos, use uma entretela termocolante para deixar a borboleta mais firme.

- ✔ Se fizer uma gravata com tecidos mais encorpados, como os de decoração, dispense o uso de entretela colante.

- ✔ Quando for aplicar a entretela termocolante com ferro, lembre-se de que o lado brilhante deve ficar virado para baixo, em contato com o avesso do tecido, caso contrário, a entretela grudará no ferro!

- ✔ Para virar o lado avesso para o direito de tubos, temos um macete tipo "coelho da cartola": usar um alfinete de segurança. Prenda um alfinete em uma das pontas do tubo de tecido e vá empurrando por dentro do tubo até que ele saia pela outra ponta. Para virar tubos mais finos, uma boa e velha agulha de tricô também costuma resolver o problema.

Pano pra bolso

Bolso de tecido aplicado em camiseta

Mais uma ideia simples e que causa efeito, digna de entrar para a categoria "por que nunca pensei nisso antes?". Quer dar uma carinha nova para aquela sua camiseta lisa? Fácil, escolha um pedacinho de tecido lindo, transforme-o em um bolso e aplique!

Nós gostamos de usar este truque especialmente nas camisetas cinza mescla, estilo T-shirt, mais larguinhas. Elas combinam muito bem com bolsos florais estilo Liberty. Topa o desafio? Aposto que você tem uma camiseta lisa ótima esperando por uma customização aí no seu armário...

Você precisará de:

- 1 camiseta lisa
- Retalho de tecido de algodão estampado
- Kit de costura

Como fazer?

1. Usando o molde (veja página 195), risque e recorte dois bolsos no tecido estampado.

2. Posicione os tecidos, direito com direito, e alfinete tudo para manter as peças no lugar. Passe uma costura à máquina por toda a borda deixando uma margem de 0,5 cm e uma abertura de 3 cm na lateral.

3. Vire o bolso para o lado direito pela abertura lateral. Passe a ferro para abrir e acertar as costuras.

4. Posicione o bolso na camiseta e alfinete para mantê-lo no lugar.

5. Com a máquina de costura, pregue o bolso pespontando a 0,3 cm da borda, começando pelo topo da lateral esquerda, terminando no topo da lateral direita e mantendo a parte superior aberta. Esta costura, além de dar um acabamento de pesponto, também fechará a abertura da lateral. Não se esqueça de fazer os pontinhos de retrocesso no início e no final da costura para reforçar as extremidades do bolso.

Dicas

- ✔ Quer um atalho? Retire o bolso de uma camisa com estampa bacana e costure-o em uma camiseta.

- ✔ Camisetas básicas são um prato cheio para customizações. Além de costurar bolsos, elas permitem tingimentos, cortes estratégicos e apliques decorativos. Enjoou da camiseta? Mude.

- ✔ Este é um bolso funcional aberto em cima, mas nada impede de costurar um bolso chapado, meramente decorativo.
- ✔ Preste atenção na composição da camiseta. As de algodão misto são as mais fáceis de manter e gostosas de usar (pois têm fibras naturais na composição) e não amassam tanto.
- ✔ Uma costura retinha é bem importante para o bom acabamento da peça. Uma boa dica para ajudar nessa tarefa é colar uma fita adesiva colorida na base da máquina, medindo a margem desejada a partir da agulha. Assim, você tem uma guia bem-marcada para olhar na hora de pespontar. Adeus, costuras tortas!

Ombrelíssima

Bolsa de crochê com tingimento dégradé

Sempre tivemos um xodó por sacolas furadinhas de crochê. Um tanto indiscretas é verdade, mas versáteis e supercharmosas, para ir às compras ou até à praia. Esta *shopping bag* usa apenas pontos básicos de crochê e, por ser feita com barbante grossinho, é tecida rapidamente. Dependendo do nível de conhecimento e sua empolgação crocheteira, pode ser feita em apenas um dia.

A pitada extra de emoção do projeto é o tingimento. Em vez de crochetar a sacola usando fios coloridos prontos, resolvemos colorir o barbante cru de amarelo com efeito dégradé ao final. Se joga no crochê ombrê!

Você precisará de:

Para a bolsa

- 2 novelos ou 340 m de fio para crochê 100% algodão na cor cru (sugestão de fio: Multiarte da Cisne ou similar)
- Agulha para crochê número 4,0
- Clipe de papel para marcar a carreira

Para o tingimento

- 1 tubo de corante em pó amarelo próprio para tecidos de algodão
- 4 l de água
- 2 colheres (sopa) de vinagre branco
- 1 colher (sopa) de sal
- Panela velha
- Colher de pau velha
- Bacia

Como fazer?

Base redonda

Carreira 1: usando a técnica do círculo mágico ajustável, faça 8 correntinhas. A partir de agora, vamos trabalhar em círculos por toda a base. Marque o início de cada carreira com um clipe de papel e vá movendo conforme for terminando cada carreira.

Carreira 2: 2 pontos baixos em cada ponto, em círculos, totalizando 16 pontos.

Carreira 3: 1 ponto baixo no próximo ponto, 2 pontos baixos no próximo ponto; repetir o processo até o final da carreira.

Carreira 4: 1 ponto baixo nos próximos 2 pontos, 2 pontos baixos no próximo ponto; repetir o processo até o final da carreira.

Carreira 5: 1 ponto baixo nos próximos 3 pontos, 2 pontos baixos no próximo ponto; repetir o processo até o final da carreira.

Carreira 6: 1 ponto baixo nos próximos 4 pontos, 2 pontos baixos no próximo ponto; repetir o processo até o final da carreira.

Carreira 7: 1 ponto baixo nos próximos 5 pontos, 2 pontos baixos no próximo ponto; repetir processo até o final da carreira.

Carreira 8: 1 ponto baixo nos próximos 6 pontos, 2 pontos baixos no próximo ponto; repetir processo até o final da carreira.

Carreira 9: 1 ponto baixo nos próximos 7 pontos, 2 pontos baixos no próximo ponto; repetir processo até o final da carreira.

Carreira 10: 1 ponto baixo nos próximos 8 pontos, 2 pontos baixos no próximo ponto; repetir processo até o final da carreira.

Carreira 11: 1 ponto baixo nos próximos 9 pontos, 2 pontos baixos no próximo ponto; repetir o processo até o final da carreira.

Carreira 12: 1 ponto baixo nos próximos 10 pontos, 2 pontos baixos no próximo ponto; repetir o processo até o final da carreira.

Rede

Carreira 1: faça um ponto baixo no primeiro ponto. Depois, faça 5 correntinhas, pule os 2 próximos pontos e faça um ponto baixo no próximo ponto. Repita essa última operação até os dois últimos pontos. Faça 2 corretinhas, pule 2 pontos e faça um ponto alto no primeiro ponto para unir. O ponto alto será considerado o primeiro ponto da próxima carreira.

Carreira 2-25: faça 5 correntinhas e um ponto baixo passando por dentro do espaço das 5 correntinhas da carreira anterior; Repita esse processo por toda a volta e termine com 2 correntinhas e um ponto alto no primeiro ponto para fechar.

Borda

Carreira 1: comece fazendo 2 correntinhas e depois faça 2 meio pontos altos no ponto duplo de ligação da carreira anterior. Então, faça 3 meio pontos altos no próximo espaço e 1 meio ponto alto no próximo ponto baixo. Repita esse último procedimento por toda a volta, terminando com meio ponto alto no último espaço e fazendo 1 ponto baixíssimo no topo da correntinha inicial para fechar a carreira.

Carreira 2: faça 2 pontos baixos juntos (esse procedimento é chamado de diminuição em ponto baixo[1]). Depois, faça 1 ponto baixo no próximo ponto e 2 pontos baixos juntos. Repita essa última operação por toda a volta.

Carreiras 3-5: faça 1 ponto baixo por toda a volta, até completá-la.

Alças

Carreira 1: faça ponto baixo nos próximos 5 pontos e vire.

Carreira 2: faça 1 correntinha, trabalhe na argola de trás do ponto da carreira anterior e faça um ponto baixo em cada ponto.

Repita a carreira 2 até atingir 62 cm. Una a ponta da alça à borda da bolsa com pontos baixíssimos deixando um espaço de 8 cm entre a

---

[1] Diminuição em ponto baixo: introduzir a agulha no primeiro ponto, dar uma laçada sem completar o ponto, introduzir a agulha no segundo ponto e dar uma laçada sem completar o ponto. Introduzir a agulha no terceiro ponto, dar uma laçada e passar o fio por dentro das 3 laçadas que ficaram na agulha.

primeira ponta já fixada – cuidado para não torcer a alça antes de fixá-la. Corte o fio e esconda as pontas por dentro da trama.

Faça a segunda alça da mesma forma, posicionando-a paralelamente à primeira alça e deixando também um espaço de 8 cm entre uma base e a outra. Corte o fio e esconda as pontas por dentro da trama da bolsa.

Tingimento

A ideia é tingir a bolsa em três etapas. Na primeira, criando um tom amarelo-claro, na segunda, um tom intermediário, e na terceira, um tom mais escuro. Assim, conseguimos a mágica do efeito dégradé.

1. Coloque 2 l de água em uma panela. Deixe ferver e abaixe o fogo.
2. Área de tingimento claro: dissolva bem 1 colher (chá) do pó corante na água. Mexa bem até a água ficar em tom de amarelo clarinho. Segure a bolsa com 2/3 dela submersa na água colorida por aproximadamente 5 minutos. Retire.
3. Área de tingimento escuro: acrescente o que restou do meio tubo na água e mexa até dissolver. A água deve ficar com uma tonalidade amarelo bem escuro, quase laranja. Coloque novamente a bolsa na água colorida, segurando de forma a submergir apenas 1/3 da bolsa, a parte inferior. Continue segurando a bolsa na água colorida por aproximadamente 5 minutos para tingir a área mais escura.
4. Área de tingimento intermediário: desça a metade da bolsa (área intermediária, entre o tom mais claro e o tom mais escuro) na água com corante e retire rapidamente, submergindo por não mais que

1 minuto. Lembre-se de que para ficar dégradé o tingimento deve ter uma transição suave e não formar camadas marcadas de cor.

5. Retire a bolsa da água colorida e deixe-a submersa por 5 minutos em uma bacia com 2 l de água fria, as 2 colheres de vinagre e a colher de sal. Essa mistura fixará o corante às fibras.

6. Escorra a água e esprema bem para retirar toda a umidade da bolsa. Deixe secar à sombra, aberta sobre um tecido ou toalha velhos.

Dicas

- ✔ Quando for tingir peças em casa, use uma panela e colher velhas, pois elas ficarão manchadas pelo corante e não poderão mais ser usadas para preparar alimentos.
- ✔ O tingimento é quase uma arte e, por mais que existam instruções, os resultados podem variar de cor de uma peça para a outra dependendo do tecido que será tingido. Se quiser ter certeza do resultado, faça uma pequena amostra de crochê e teste o tingimento antes.
- ✔ O amarelo é um tom mais fácil de trabalhar. Use-o para seus primeiros projetos de tingimento.
- ✔ Há no mercado um produto industrializado próprio para fixar a cor dos tecidos tingidos. Mas nada que um bom vinagre com sal não substitua.
- ✔ Quer tingir com mais emoção? Tente mesclar cores em dégradé tingindo a parte superior da bolsa de uma cor e a parte inferior de outra.

Status: enrolado

Descanso de panela de tecido

Para este projeto, você aprenderá uma técnica muito bacana e perfeita para fazer um descanso de panela craft: como tecer um fio de retalhos de tecido torcidos. Mas, uma vez dominada a técnica, você pode usar essa cordinha onde e como quiser, afinal, ela é muito versátil. Experimente tecidos de cores contrastantes e variando as texturas. Você vai se surpreender com os resultados. Ah! E se usar algodão, não se incomode com os fiapos, eles vão dar um charme extra ao produto final.

Você precisará de:

- Retalhos de tecidos cortados em tiras longas com 2 cm de largura
- Kit de costura

Como fazer?

Fio torcido

1. Dê um nó na ponta, juntando duas tiras de tecido.
2. Com a mão esquerda, segure o nó. As tiras de juntam por meio da torção, por isso, é muito importante mantê-las sempre no mesmo sentido.
3. Com a mão direita, segure a tira de fora na horizontal e torça-a algumas vezes, girando para fora.
4. Passe esta tira torcida por cima da outra, trazendo-a na sua direção.
5. Repita o movimento. Torça uma tira de cada vez e passe a tira já torcida por cima da outra.
6. A cada torção, vá aproximando os dedos da ponta solta do tecido. É como fazer uma trança!
7. Emendas: quando a tira de tecido estiver acabando, simplesmente junte uma nova tira sobrepondo-a nos últimos 3 cm da tira anterior, enrolando e torcendo.
8. Para finalizar o fio de tiras torcidas, dê um nó na ponta.
9. Vá enrolando tiras até atingir o comprimento suficiente para fazer o descanso de panela. Você precisará de 5 m de fio para fazer um modelo-padrão.

Descanso de panela

1. Apoiando em uma mesa, coloque o nó do fio no centro e enrole em espiral, fazendo círculos com ele até atingir 20 cm de diâmetro.
2. Você pode alinhavar o descanso à mão, levemente, com linha e agulha, para o formato não se desfazer
3. Na máquina, ajuste o tamanho do ponto, a tensão da linha, e costure a peça em zigue-zague, unindo os fios torcidos. Comece pelo centro e siga costurando em espiral em direção à ponta externa. Vá devagar, controlando a velocidade da máquina e girando o descanso em círculo. Faça um retrocesso no início e no final da costura.

Dicas

- ✔ Torcer o fio é como fazer uma trança. Depois de um tempo, você pega a prática, encontra a melhor maneira de segurar e manipular. Vai conseguir fazer até de olhos fechados!
- ✔ Recomendamos trabalhar com as pontas dos dedos, com movimentos pequenos, controlando a tensão e o apoio.
- ✔ Se você não pegou o jeito, temos um vídeo para ajudar – acesse pelo **QR code**!
- ✔ Se for costurar à mão, use uma agulha de tapeceiro, linha grossa e dedal.

- ✔ Para aprender, é melhor usar duas tiras parecidas em material e em textura.
- ✔ Cores contrastantes ficam muito legais nesta técnica.
- ✔ Se você não tem sobras de tecido em casa, pode reutilizar. Vale usar lençol velho, pano de prato, camisa furada, pijama do filho, camiseta de brinde. Basta cortar em tiras finas e longas e começar a torcer!
- ✔ Também funciona com viés pronto. Ganhamos um rolo antigo que estava amarelado pelo tempo e não dava para usar em projetos de costura, mas ficou perfeito como fio torcido!
- ✔ Quer variar? Experimente usar três tiras. Fazer uma trança tradicional também funciona!

O alfineteiro mais fofo do mundo

Pote para guardar suas miudezas de costura

Um alfineteiro feito com pote de geleia não é novidade no mundo craft, as viciadas em Pinterest sabem bem disso! Nós também já tentamos fazer os nossos usando potes de geleia brazuca. Mas sempre rolava uma frustração ao ver que os potes daqui não tinham aquela tampa com abertura mágica no topo, como os *mason jars* americanos. Os resultados eram decepcionantes, nossas almofadinhas nunca encaixavam bem na tampa. Mas insistimos na ideia e, com um truque, você pode transformar qualquer pote de vidro comum em um alfineteiro com acabamento perfeito. O segredo? Uma simples tira de papelão!

Você precisará de:

- Pote de vidro vazio e com tampa
- Tecido de algodão estampado (tricoline ou tecido mais fino)
- Pedaço de papelão de cor mais clara que o tecido que for usar

- Cola branca
- Pincel chato
- Fibra siliconada para enchimento
- Régua
- Compasso
- Agulha e linha
- Pregadores

Como fazer?

Tira forrada

1. Faça a tira de papelão com altura de 2,5 cm. Meça o tamanho da circunferência da tampa do pote e adicione mais 2 cm no comprimento. Exemplo: para uma tampa de 20 cm, corte uma tira de 22 X 2,5 cm.

2. Corte uma tira de tecido com 1 cm a mais na altura e na largura que a tira de papelão. Exemplo: para uma tira de papelão de 21 X 2,5 cm, corte uma tira de tecido de 22 X 3,5 cm.

3. Com um pincel chato, espalhe uma camada fina de cola branca na tira de papelão, de maneira bem uniforme. Posicione a tira de papelão no centro da tira de tecido e cole. Dobre e cole as quatro margens do tecido por trás do verso do papelão, para dar o acabamento. Deixe secar bem, de preferência com um livro ou objeto pesado apoiado por cima.

Almofada

1. Meça o diâmetro da tampa e acrescente 7 cm. Este será o diâmetro do círculo de tecido que você irá recortar.
2. Risque e corte o círculo no tecido. Se você não tiver um compasso, use um pires da mesma medida para ajudar na tarefa.
3. Faça o franzido da almofada. Passe uma linha dupla na agulha e dê um nozinho na ponta. Insira a linha na borda do círculo de tecido, a 0,3 cm da margem. Faça um alinhavo miúdo à mão, margeando toda a borda.
4. Ao encontrar o ponto do inicial onde ficou o nó, puxe a linha do alinhavo, criando um franzido pela borda, arredondando a almofada. Deixe o lado direito, da estampa, para fora.
5. Após franzir, dê um nó na linha para segurar o franzido, criando um "berço" de tecido para receber a fibra siliconada. A parte inferior ficará aberta com um franzido suficiente para segurar a fibra no lugar.
6. Encha a almofada com fibra siliconada pela abertura, até ficar bem preenchida.

Montagem

1. Passe uma camada de cola por toda a borda lateral da tampa e grude a tira encapada. Sobreponha as duas pontas da tira em 1 cm. Ajude a manter a tira no lugar com alguns pregadores de roupa. Deixa secar por pelo menos 1 hora ou até colar bem.

2. Passe uma camada generosa de cola na parte interna da tira e acomode a almofada no espaço central da tampa, enfiando bem as laterais para que o tecido preencha o buraco e entre em contato com a cola na parte interna da tira. Deixe secar de um dia para o outro.
3. Encha o seu pote alfineteiro com botões, alfinetes ou outros itens miúdos de costura.

Dicas

- ✔ Para retirar rótulos teimosos que ficam colados nos potes de geleia ou de conserva, coloque-os de molho em água quente e esfregue a cola com um pouco de removedor.
- ✔ Use um pote grande e monte um kit de costura para dar de presente. Inclua tesourinha, linhas, botões, alfinetes de segurança, agulhas e fita métrica. Se o espaço interno do pote não for suficiente, coloque um elástico bonito do lado de fora do pote e use-o para pendurar mais itens. Seu amigo crafteiro vai amar!
- ✔ Tem um pé de lavanda no quintal? Deixe secar bem as sementes e coloque-as no meio das fibras da almofada para deixar seu kit costureiro aromatizado. Hummmm!

Hey, mr. postman

Porta-cartas para a entrada da casa

O bastidor de madeira, aquele tradicional utensílio para bordar, virou o queridinho da decoração nos últimos anos. Não é para menos! Como moldura de um tecido bonito no meio, ele se torna um quadro instantâneo! Por que não ir além e dar utilidade extra a ele? Com um bolso grande na frente, pode morar na entrada da sua casa para abrigar as cartas que (ainda) chegam. Colocamos também três ganchinhos embaixo para servir como porta-chaves. Multifuncional!

Você precisará de:

- 1 bastidor de madeira de 20 cm de diâmetro ou maior, com parafuso de ajuste
- Retalho de tecido de 28 X 28 cm
- Retalho de tecido de 14 X 28 cm
- Linha e agulha
- Miniganchos de metal parafusáveis
- Furador ou objeto pontiagudo de metal

SAFETY MATCHES

Como fazer?

1. Na parte inferior do bastidor, faça três marcações com a ajuda de um furador de ponta e parafuse os miniganchos.

2. Dobre para dentro uma margem de 2 cm do tecido menor e passe a ferro para marcar o acabamento.

3. Alinhe os dois tecidos pela parte inferior.

4. Coloque-os no bastidor e ajuste-os para que fiquem esticados, apertando bem o parafuso para finalizar. Para dar o acabamento, vire as margens restantes do tecido para trás e costure com pontinhos feitos à mão.

5. Pendure na parede do seu lar doce lar.

Dicas

✔ Este projeto é o mais fácil do livro, nada de costura, apenas unir tecidinhos para criar um projeto craft instantâneo. Capriche na escolha dos tecidos e fique à vontade para mudar as combinações de tempos em tempos!

✔ Se não encontrar um bastidor, você também pode usar uma moldura de quadro. A diferença é que o tecido precisará ser preso atrás do quadro com cola ou tachinhas.

✔ Esse mesmo quadro organizador pode ser feito com mais bolsos e divisórias. Dessa forma, ele se torna um organizador de parede perfeito para seu ateliê ou escritório.

Sai do armário!

Cabide encapado com tecido

Vimos essa ideia recentemente em uma loja de roupas. Foi o suficiente para nos inspirar a criar uma versão mais moderninha do cabide encapado da vovó, aqueles dos anos 1980, com crochê, soutache, sianinhas, fitas de cetim... Naquela época, as crianças costumavam ganhar vários cabides enfeitados de presente de aniversário! Mas agora é a vez de revisitar essa técnica e bolar um cabide encapado com nosso estilo. Esse tipo de cabide pode (e deve!) ficar à mostra na sua casa. Pode ser pendurado na porta do armário, no banheiro, no quarto de hóspedes. Faça um jogo de cabides, um, dois ou três, usando tecidinhos que combinem entre si.

Você precisará de:

- Cabide de madeira de 46 X 30 cm
- Retalho de tecido no tamanho do cabide
- Tinta de artesanato
- Kit de costura

Como fazer?

1. Comece desmontando o cabide. Desenrosque o gancho de metal. Se tiver um apoio para calça, solte a madeira tirando o preguinho.

2. Coloque a base de madeira do cabide em cima do verso do tecido e contorne-o com giz de tecido.

3. Corte, deixando margem de 1 cm ao redor da linha de contorno.

4. Recorte mais uma peça, nas mesmas medidas. Use a primeira como referência.

5. Junte os tecidos, lado direito com lado direito, e prenda com alfinetes para segurar tudo no lugar.

6. Costure à máquina apenas a parte superior da peça, deixando uma margem de 0,5 cm.

7. Vire o tecido e coloque-o sobre o cabide, esticando bem. Dê pontos com linha e agulha, começando pelo canto, e feche à mão toda a abertura na parte inferior. Vá puxando o tecido para esticá-lo bem.

8. Pinte o gancho do cabide com tinta e espere secar.

9. Para encapar a madeira do calceiro, recorte uma tira de tecido e faça um tubo costurando pelo avesso.

10. Vire a peça, passe-a pela madeira e arremate na ponta com linha e agulha.

11. Faça a montagem do cabide, encaixando as peças.

Dicas

- ✔ Esta ideia vale para qualquer cabide, mas se o seu for diferente, pode adaptar a técnica. O primeiro passo é analisar a "anatomia" do cabide. Dá para desmontar? Tem larguras variáveis? Tudo isso influencia no molde do tecido e na maneira de costurar.
- ✔ Para a escolha do tecido, o que deve direcionar é a cor e a estampa. Com relação ao tipo, é melhor se tiver alguma flexibilidade. Fica legal usar malha, ou tecido misto de Lycra ou elastano, assim você consegue moldar o tecido na madeira e ir costurando à mão até ajustar as medidas.
- ✔ Estampas miúdas funcionam melhor porque não deixam tão à mostra as emendas do tecido.
- ✔ Variação: para cabides de metal ou arame, você pode cobri-los enrolando tiras de tecido ou fitas viés, como se fossem esparadrapo. Prenda a ponta inicial com um nó e cubra todo o cabide. No final, cole a ponta com cola de tecido e prenda-a com um pregador de roupas até que esteja seca e fixa.
- ✔ Também resgatamos no blog a técnica do cabide encapado com soutache – acesse pelo **QR code** –, mais uma opção!

Rá-tim-bum

Chapéu para festa de aniversário

As festas e comemorações viraram uma ótima oportunidade para explorar a criatividade. Com materiais acessíveis, é possível montar em casa as decorações de mesa, *backdrops,* convites e até as lembrancinhas. E pensando em adereços festivos, nada mais animado que distribuir clássicos chapeuzinhos para os convidados colocarem na hora de cantar *Parabéns a você*. Quem precisa de chapéus comprados prontos, de gosto duvidoso, se você pode criar os seus, com uma seleção própria de *washi tapes* divertidas e pompons?

Você precisará de:

- Papel-cartão
- Fita adesiva
- Cola branca
- *Washi tapes*
- Elástico fino, tipo lastex
- Lã fina
- Garfo
- Tesoura

Como fazer?

1. Transfira o molde (veja página 196) para um papel-cartão e recorte.
2. Decore com *washi tapes* de cores e estampas de sua preferência. Abuse das sobreposições que essa fita permite!
3. Feche a lateral com fita adesiva.
4. Cole um pompom na ponta do chapéu com cola branca.
5. Faça dois furinhos em lados opostos na lateral e passe o elástico.

Pompom de garfo

1. Enrole o fio de lã várias vezes ao redor dos dentes do garfo, até que se torne um monte gordinho. Lembre-se de que quanto mais voltas der, mais cheio ficará o pompom.
2. Passe um pedaço de lã pelo espaço do meio do garfo envolvendo o montinho e amarre firme.
3. Corte as laterais do montinho de lã, tirando seu pompom do garfo.
4. Com ajuda da tesoura, finalize o pompom aparando as pontinhas e dando um formato arredondado e bem cheio.

Dicas

✔ Se não tiver *washi tape*, use papel de *scrapbook* com uma estampa legal para os seus chapeuzinhos.

✔ Vale cobrir o papelão com um tecido bonito. Nesse caso, use cola em bastão ou em spray para tecidos. Tecido adesivo também vale e facilita o acabamento.

Jujubento

Saquinho multiuso para festas

Festas são ocasiões naturalmente coloridas e pedem enfeites nessa mesma *vibe*. Nós provamos e aprovamos essas embalagens de papel colorido para jujubas, amêndoas confeitadas e outras guloseimas em porções individuais. Além de práticas, são superdecorativas e podem ser usadas até como porta-lembrancinhas. Uma ótima chance para tirar da gaveta aqueles lindos papéis estampados de origami e *washi tapes*!

Você precisará de:

- Papel de origami de 15 X 15 cm
- Decotape, *washi tape* ou fita adesiva colorida
- Tesoura

Como fazer?

1. Corte o papel de origami ao meio. Com uma folha, é possível fazer dois saquinhos.
2. Dobre duas vezes o papel, conforme o esquema, formando um quadrado.
3. Feche as partes inferior e frontal com a fita colorida.
4. Encha o saquinho com confeitos.
5. Inverta o fechamento da parte superior, unindo as pontas dobradas, conforme o esquema.
6. Feche aplicando uma fita colorida.
7. Faça vários saquinhos, usando diferentes combinações de cores de papel e de fita.

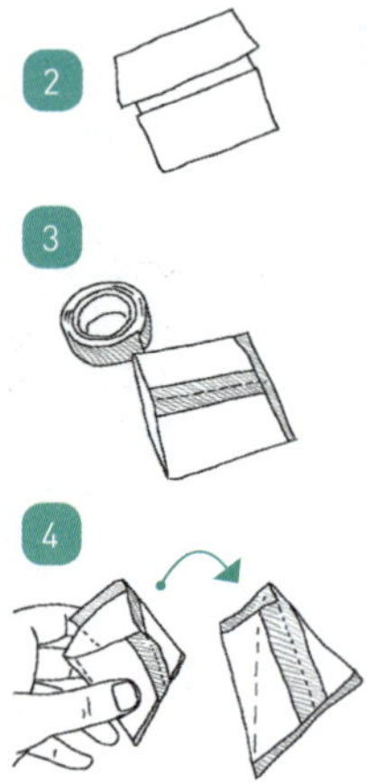

Dicas

- ✔ Este saquinho fica bacana também como recipiente de salgadinhos e aperitivos, como mix de castanhas de caju, nozes, amendoim salgado, amendoim japonês e frutas secas.
- ✔ Ele pode ser usado também como embalagem de lembrancinhas em festas infantis. Nesse caso, recheie com minibrinquedos ou guloseimas, como moedas de chocolate, confeitos e balas.
- ✔ Uma vez dominada a técnica, aproveite para experimentar com outros materiais. Fizemos o mesmo saquinho com tecido e até com plástico transparente de toalha de mesa e ficou muito bom!

Honra ao mérito

Medalhas de fita em formato de roseta

Que tal reconhecer alguém pela amizade ou por um favor especial? Além de agradecer com SMS, e-mail e recado no Facebook, você pode demonstrar seu apreço criando uma medalha especialmente para presentear a pessoa querida. Abra sua caixa de fitas e enfeites e invente combinações inusitadas de cores e modelos. Quem não gosta de receber um mimo feito à mão?

Você precisará de:

- Pedaços de fitas coloridas
- Pedaços de feltro
- Linha e agulha
- Miçangas
- Alfinete de broche
- Cola

BFF

Como fazer?

1. Borde uma mensagem ou um desenho em um pedaço circular de feltro, com cerca de 6 cm de diâmetro.

2. Costure-o encapando um círculo de cartolina de 4 cm de diâmetro.

3. Com linha e agulha, pesponte ao redor da borda do feltro, como se estivesse fechando as pontas de um fuxico, e puxe a linha, franzindo para fechar.

4. O miolo desta roseta será feito com pétalas. Para isso, corte 6 pedaços de fita com 5 cm e dobre-os ao meio.

5. Costure as tiras ao redor do círculo da mensagem, como se fossem pétalas de uma flor.

6. Prenda em V duas tiras de fita com 10 cm cada uma.

7. Dê um acabamento no verso pregando um círculo de feltro de 4 cm, e costure à mão pequenos pontos ao redor.

8. Finalize costurando o alfinete de broche no verso.

Dicas

✔ A roseta também pode ser feita com fita plissada ou sanfona. Existem muitas variações e modelos, use os nossos para se inspirar!

✔ Se usar uma fita sintética, dê acabamento nas pontas, derretendo-as levemente com uma vela. Isso evitará que elas desfiem.

Ora, bolas!

Fio decorativo com pompons

Fazer pompons é uma delícia, quase uma meditação. Mas, além de usá-los no cachecol e na ponta do gorro, às vezes ficamos sem ideia do que fazer com tantos pompons que na empolgação acabam surgindo no ateliê. Por isso, nossa sugestão é: reúna todos em um fio decorativo. Garantimos que sua casa vai ficar mais aconchegante com um fio de pompons fofos e coloridos. Mas, dessa vez, nada de tons pastéis. Aposte em cores fortes e fluorescentes para deixar tudo mais moderno e animado. Experimente!

Você precisará de:

- Novelos de lã de várias cores
- Molde para pompons
- Tesoura
- 1,5 m de fio colorido
- Agulha de tapeceiro

PATTERNS

Como fazer?

1. Enrole a lã no molde de pompons.
2. Corte a lã e prenda o meio do pompom com um pedaço de lã.
3. Solte o pompom do molde e apare as pontas com a tesoura.
4. Faça vários pompons, de várias cores.
5. Com a agulha de tapeceiro, passe o fio colorido pelo meio de cada pompom, pendurando-os ao longo do fio.
6. Deixe um espaçamento de 10 cm entre cada pompom.
7. Nas pontas do fio, prenda um pompom menor.
8. Pendure na parede de casa, em algum móvel ou ao redor de um espelho.

Dicas

- ✔ O molde para fazer pompons é um acessório de plástico que você encontra nos melhores armarinhos. A vantagem é que dá para fazer pompons mais rapidamente e de tamanho uniforme. Um verdadeiro craft *gadget*! Existem modelos *made in* Brasil, perfeitos e baratos. Mas existem versões mais tecnológicas de marcas importadas, e mais caros também. Porém, ter um molde não é essencial. É possível fazer um pompom usando apenas um pedaço de cartolina ou de EVA. Fizemos um vídeo que está na internet ensinando como – acesse pelo **QR code**!

- ✔ Quer ir além? Experimente montar uma miniguirlanda usando os pompons da fita grelô, aquela fita com bolinhas penduradas. Você pode recortá-las e passar em uma linha usando agulha. Deixe um espaçamento entre os pompons e pendure por aí. A nossa foi para o espelho do banheiro e ficou muito legal.

- ✔ Variação: na sua próxima caminhada pelo parque, fique de olho em gravetos secos. Eles podem servir de haste para suas flores de pompom. Se o galho tiver ramificações, melhor ainda! Você pode colocar um pompom em cada ponta e criar a sua versão de dente-de-leão.

Pedalar te dá asas

Acessório refletivo para ciclistas

Ser visto pedalando à noite é o que todo ciclista quer, afinal, por questão de segurança, não dá para passar despercebido nas ruas. Por que não usar um acessório mais descontraído para cumprir esse papel? Estas asinhas refletivas para tênis ficam tão *fashion* que nem precisam ser tiradas antes ou depois do pedal. Dá para descer da *bike* e continuar usando por aí, na boa!

Você precisará de:

- 1 folha de vinil refletivo de 45 X 45 cm
- Feltro branco
- 6 ilhoses
- Kit de costura

Como fazer?

1. Marque o desenho do molde (veja página 197) na folha de vinil e no feltro, pelo verso.
2. Recorte as peças deixando uma margem de 0,5 cm.
3. Costure as duas peças juntas na máquina, passando a costura em cima do desenho marcado. Lembre-se de fazer o retrocesso no início e no final da costura.
4. Apare os excessos da margem.
5. Coloque o ilhós nos pontos marcados.

Dicas

✔ Nós compramos a folha de vinil refletivo em uma loja grande de tecidos do Brás. O material é vendido por folha ou metro e estava na mesma seção de toalhas plásticas para mesa. Para quem não mora em São Paulo, há também a venda na internet. Vimos em várias cores: o amarelo é o clássico, mas há branco, vermelho, laranja, azul...

✔ Ao costurar detalhes e partes arredondadas, diminua a velocidade da máquina e, quando necessário, gire a manivela com a mão. Se for preciso, finalize a costura e comece em outro ponto para não sobrepor a linha.

- ✔ A folha de vinil tem um pouco de transparência. Dá para fazer várias combinações usando tecidos estampados por baixo para conseguir uns efeitos bem interessantes!

- ✔ Se você não tem balancim, pode levar a peça em um armarinho ou sapateiro para pregar ilhoses. Em geral, nesses locais você encontra este tipo de serviço.

- ✔ Com uma folha de vinil refletivo obtêm-se várias asinhas ou mais acessórios. Que tal mergulhar nestas ideias abaixo para usar o vinil refletivo?

  Pulseira: supersimples, sem segredo, finalize com um botão de pressão, velcro ou fecho plástico de mochila.

  Caneleira: além de dar visibilidade, ajuda a prender a calça para não enroscar ou sujar na corrente.

  Faixa: para colocar em diagonal no corpo, é uma opção mais leve e menos volumosa do que um colete de segurança. Coloque três botões de pressão na ponta para regular o tamanho da peça (você pedala no verão e no inverno, né?).

Molde página 197

Verde já

Caixa de madeira para suculentas

O que as samambaias foram para os anos 1980, as suculentas são para os anos 2000. Sorte a nossa! Afinal, hoje até quem não tem "dedo verde" consegue ter várias dessas plantinhas em casa. Por acumularem água em suas folhas e no caule, resistem à falta de cuidados dos donos mais esquecidos. Este projeto é um jeito charmoso de montar um pequeno jardim com diversas variedades e trazer um pouco de verde para dentro de casa. Uma pedida perfeita para o seu ateliê!

Você precisará de:

- 2 réguas escolares de madeira, com 30 cm cada
- Tábua de 10 X 20 cm (pode ser retirada de um caixote de feira, de madeira bem fina)
- Serrote
- Cola de madeira
- Grampeador de tapeceiro
- Terra e areia
- Suculentas
- Pedriscos

65 66 67 68 69 70 71 72 73 74 75 76
10 11 12 13 14 15 16 17 18 19 20

Como fazer?

1. Corte cada régua, usando o serrote, em dois pedaços: 10 cm e 20 cm.
2. Monte um retângulo usando os quatro pedaços de régua.
3. Com a cola de madeira, junte as pontas. Você pode reforçar as laterais usando o grampeador de tapeceiro. Um grampo em cada quina é o suficiente.
4. Tire uma tábua da base da caixa de madeira e corte um retângulo de 10 X 20 cm.
5. Cole a moldura feita com a régua na base de madeira. Novamente, use cola e o grampeador de tapeceiro para reforçar.
6. Antes de colocar a terra na caixa, simule como vai compor e posicionar as suculentas. Você pode começar pela maior no centro e espalhar as demais ao redor. Números ímpares de plantas são mais fáceis de organizar.
7. Preencha 50% da caixa com terra adubada. Você pode misturar com areia (proporção 2:1) para criar uma boa condição de solo.
8. Coloque as plantas seguindo a sua composição e cubra as raízes com terra.
9. Para finalizar, coloque pedriscos brancos ou seixos entre as suculentas para esconder o fundo. As regas semanais devem ser com pouca água, para não encharcar as raízes e a caixa.

Dicas

- ✔ É mais fácil conseguir caixas de madeira em mercados, sacolões e hortifrutigranjeiros do seu bairro do que na feira. Para este projeto, você precisará daquelas caixinhas de madeira fina, que normalmente são descartadas. Peça para um quitandeiro amigo guardar uma para você!

- ✔ Régua de madeira parece um item do passado longínquo, mas, acredite, ainda existe para vender em papelarias! Conseguimos as nossas por menos de um real.

- ✔ A rega das suculentas é semanal, mas se a terra estiver muito seca, vá em frente e alimente-a!

- ✔ Como as suculentas precisam de pouca água não é necessário furar a base de madeira para escoar a água da rega.

- ✔ Na hora de comprar as suculentas para o seu jardim, escolha uma planta para ter destaque e as demais para completar o espaço. Podem ser todas diferentes ou brinque com repetições. Há muita riqueza nas formas, cores, texturas, alturas, camadas. Aproveite!

- ✔ Suculentas são um vício e pensar em espaços onde plantá-las talvez seja ainda mais. Quase tudo que está na sua cozinha pode ser usado como vaso: cerâmicas, xícaras, bules, panelinhas, copinhos de vidro, potes de louça... Há também quem use outras coisas, como conchas do mar, troncos de madeira e até... livros!

- ✔ Quando um gominho de suculenta se desprender, coloque-o em um vasinho com terra úmida. Com o tempo, aquele pedacinho criará raízes e dará vida a uma nova planta. Este será o seu berçário de suculentas!

INDO ALÉM

Fazer, fazer, fazer!

Como se manter sempre ativo e ter ideias criativas

Este é praticamente um manifesto por uma vida com mãos em movimento, para as pessoas redescobrirem o prazer do feito à mão por elas mesmas. Queremos saber se depois de ler você se inspirou e fez algo!

Vale qualquer coisa, vale fazer malfeito, ou só um pouquinho para começar. O que importa é sair da inércia. Não tem regra, simplesmente tem que sentar e fazer! Mais ação e menos desculpas.

Use o que você tem, não precisa comprar – invente, improvise, adapte –, sempre vamos insistir nesse ponto. A necessidade é a mãe da criatividade. Menos inspiração e mais prática. Lembra da frase 99% de transpiração e 1% de inspiração? É isso aí. Mão na massa. Em algum lugar lemos algo como "se todos os escritores do mundo ficassem esperando a inspiração chegar, as bibliotecas estariam vazias de livros".

A adrenalina do último minuto não pode ser usada sempre. Comece antes, vá devagar, faça um pouco de cada vez. Aprendendo, se divertindo, curtindo o momento. O negócio é fazer. *Just do it!* Não pense. Faça. E deixe rolar. Então, convencemos você? Em caso afirmativo, #partiufazer. Se não, leia novamente e repita.

Procrastinação, sai pra lá!

Dicas para evitar o "deixa pra depois" e manter a criatividade em alta

Adiar as coisas e mudar a ordem de prioridades é normal na vida de todo mundo. Mas empurrar com a barriga, deixar de entregar o que prometeu e sentir ansiedade e remorso por não estar fazendo algo de que gosta pode ser um problema. Isso vale para tudo na vida, inclusive para os seus projetos craft.

A boa notícia é que perceber que isso acontece é o primeiro passo para mudar. O segundo passo é tentar entender o que está causando essa paralisia criativa. Em geral, é medo. Sim... Medo de não dar certo, medo de ficar abaixo das expectativas (suas e as dos outros) e até medo de dar certo demais e das consequências desconhecidas que o sucesso pode trazer. Saiba que você não está sozinho e muitas pessoas passam por essas emoções em algum momento da vida, a ponto de existirem teorias e métodos que ajudam a superar essa barreira.

Veja dez dicas que selecionamos para espantar o monstro da procrastinação criativa, que eventualmente nos assombra:

- **Inspiração tem limites:** coloque um limite de tempo para fases de pesquisa e de busca de referências. Existe um tempo de inspiração e outro de realização. Reconheça se está perdendo muito tempo nesta etapa e passe adiante.
- **Elimine as distrações:** se você está protelando, está usando seu tempo com outras atividades, como Facebook, internet, TV, e-mail, celular, desligue o que puder por um tempo para evitar tentações.
- **Determine um prazo:** defina uma data para terminar seu projeto. Quando as coisas ficam muito soltas, não há motivo para acabar. Prazos e limites sempre ajudam.
- **Travou? Desbloqueie:** insistir demais e não ter sucesso pode ser frustrante. Tente relaxar e se distrair com exercícios físicos e contato com a natureza. Que tal andar no parque ou caminhar em volta do quarteirão? Mas se comprometa a retomar a atividade assim que chegar em casa com mais ânimo.
- **Peça ajuda:** a internet pode ser tanto uma inimiga como uma aliada. Use as redes sociais para postar fotos do projeto em andamento, como forma de receber comentários de amigos e deixar suas metas públicas. Mas não perca muito tempo nisso, ok?

- **Fracione a tarefa:** em vez de ter como objetivo a realização total do projeto, quebre em etapas. Sua missão é completar uma de cada vez. Somente ao finalizar uma etapa, passe para a próxima. Dessa forma, a alegria de completar partes do projeto ajudará a chegar mais perto do final.
- **Deixe seu trabalho à vista:** já viu a casa de alguém que tricota? Sempre tem uma peça de tricô perto do sofá. Deixar o projeto exposto, onde você possa sempre vê-lo, é uma forma de lembrança, de que há algo pendente. Só não vale deixar o projeto virar paisagem!
- **Não invente desculpas:** você pode ser supercriativo no uso de justificativas para explicar por que não está conseguindo completar sua tarefa, desde não ter o ambiente ideal ou o material exato, até não ter conhecimento suficiente. A lista é longa. Troque as desculpas por um mantra: fazer, fazer, fazer (veja página 148).
- **Método Pomodoro:** resumidamente, significa se comprometer a realizar a tarefa por 25 minutos ininterruptos e se dar 5 minutos de descanso por ter completado, tudo cronometrado por um despertador. O nome Pomodoro é uma referência àquele *timer* de cozinha no formato de tomate. Vale a pena pesquisar na web sobre esse método, realmente funciona!
- **Mindmap:** mais um método legal que vale a pena pesquisar na web. Basicamente, significa expor sua lista de tarefas e objetivos de forma visual, orgânica e livre.

Eu quero viver de crafts, e agora?

Um belo dia, você começou a fazer crafts. Os elogios começaram a pipocar e, com eles, surgiram até algumas encomendas de amigos e parentes. De repente, você se vê pensando em abandonar tudo e transformar seu hobby em negócio ou fonte de renda. Ideia maluca? Utopia ou possibilidade real que requer apenas um pouco de coragem?

Nós apoiamos muito essa ideia de empreendedorismo craft, por isso fizemos um fluxograma para ajudar a guiar essa decisão. Alertamos que, muitas vezes, apenas o amor à arte não é suficiente para obter sucesso – e o segredo está em planejar e começar aos poucos.

Mais do que encontrar uma resposta final, esperamos que o fluxo traga novos questionamentos para você pesquisar e refletir sobre como transformar seu hobby criativo em negócio!

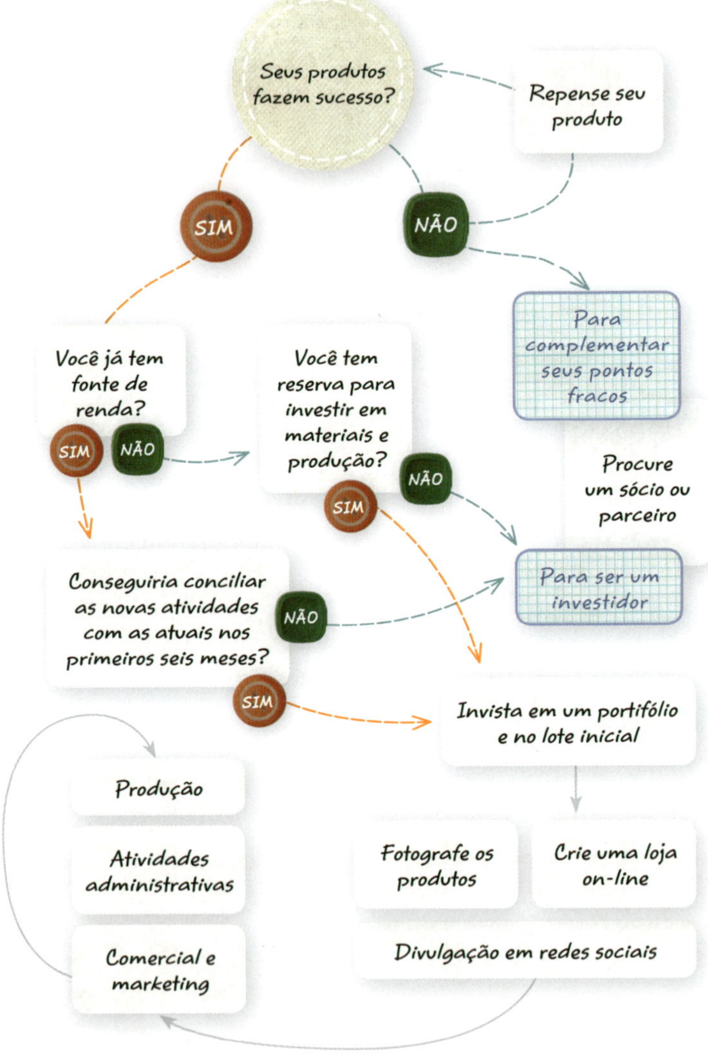
Seus produtos fazem sucesso?
Repense seu produto
SIM
NÃO
Para complementar seus pontos fracos
Procure um sócio ou parceiro
Para ser um investidor
Você já tem fonte de renda?
SIM
NÃO
Você tem reserva para investir em materiais e produção?
NÃO
SIM
Conseguiria conciliar as novas atividades com as atuais nos primeiros seis meses?
NÃO
SIM
Invista em um portifólio e no lote inicial
Fotografe os produtos
Crie uma loja on-line
Divulgação em redes sociais
Produção
Atividades administrativas
Comercial e marketing

Compartilhando. Viva a internet!

Como usar a web para mais e melhores trabalhos craft

Se está lendo este livro, então é provável que já conheça o Superziper e nossos outros espaços virtuais, como a fanpage no Facebook, o perfil do Instagram, a conta do Twitter e o canal do YouTube. Pode ser que você acompanhe um, outro ou todos. Porque o legal da internet é poder estar em todos esses lugares como espectador ou criador – você decide se quer ficar no palco ou na plateia. A essa altura, não precisamos explicar para que serve o Facebook, mas podemos dar uma atualizada nas novas redes sociais e mostrar o que tem de interessante e útil para quem está no universo craft. De quebra, traçamos os perfis dos usuários de cada rede, de acordo com seu "vício" e empolgação virtual. Vamos lá?

	BÁSICO	INTERMEDIÁRIO	AVANÇADO
Facebook	Entro uma vez por semana para dar parabéns aos aniversariantes.	Curti as fanpages dos lugares que frequento, músicos que acompanho, sites que visito.	Tenho TOC de limpar a bolinha vermelha de notificações.
Twitter	Aquela do passarinho azul? Não consegui entender a utilidade ainda.	Estou usando todo dia, seguindo algumas pessoas interessantes e acompanho os *trending topics*. Acho superútil!	Dou retweet, respondo, mando DM, crio *trending topics*, tenho o app no celular.
Instagram	Abri uma conta na empolgação, mas esqueci de postar fotos.	Quando posto fotos, gasto tempo pensando na melhor legenda, adoro usar *hashtags* e marco os amigos quando isso faz sentido.	Sigo mais de mil pessoas, dou *repost*, uso filtros, crio *hashtags*, recebo comentários e citações.

	BÁSICO	INTERMEDIÁRIO	AVANÇADO
Blog	Blog é um tipo de diário na internet, certo?	Adoro ler as novidades e acompanhar as criações de outras pessoas. Uso leitor de RSS para não perder os posts dos meus blogs favoritos.	Fiquei amigo na vida real de alguns blogueiros que admiro, deixo comentários, participo e até fui chamado para escrever em outros blogs como convidado.
Flickr	Xi... abri uma conta, afinal era de graça, mas nem me lembro da senha!	Favorito para fotos, tenho o app instalado no celular e deixo comentários.	Vibrei com o novo limite de 1 terabyte e administro grupos e fóruns.
Pinterest	Uso sem login, só fazendo buscas.	Tenho minhas coleções e quando visito um blog, pino várias fotos com ideias legais.	Sou "viciado" e tenho uma coleção para cada assunto, que estou sempre consultando para ter ideias. Se encontro um blog que não ativou o Pinterest, mando e-mail reclamando!

	BÁSICO	INTERMEDIÁRIO	AVANÇADO
Ravelry	Um diretório de receitas de tricô, né? Parece legal, mas fiquei com preguiça de me cadastrar, já compro revistas de receitas.	Vejo links de receitas em blogs e eventualmente faço download de projetos.	Fui um dos primeiros a criar conta por lá, vendo minhas receitas e ainda ajudo na tradução das receitas em inglês.
Colour Lovers	Nunca ouvi falar!	Uso só eventualmente, quando quero inspiração para uma combinação de cores.	Instalei todos os apps, ferramentas e aprendi a criar estampas!

Faça bom uso das redes, que as redes lhe darão bons frutos. Principalmente para quem gosta de criar com as mãos, elas são bons lugares para encontrar gente talentosa como você e dar um *up* na inspiração.

DICAS, ENDEREÇOS ETC.

Vamos para a 25?

Queremos que este seja seu livro para carregar debaixo do braço, de um lado para o outro, que inspire e seja usado no seu dia a dia. Assim, como não falar da rua 25 de Março, em São Paulo? Apesar de já termos falado deste assunto diversas vezes no blog, é aqui que ele ficará gravado e registrado, para você consultar e levar para dentro da bolsa sempre que precisar – principalmente se estiver de passagem por São Paulo ou estiver visitando a região pela primeira vez.

› **Como chegar:** vá de metrô. Pegue a linha azul e desça na estação São Bento, use a saída para a ladeira Porto Geral. Evite ir de carro, pois os estacionamentos da região têm as horas mais caras da cidade.

› **Melhor horário:** para evitar muvuca, não vá perto da época do Carnaval, Natal e outras datas comerciais. De manhã é mais vazio, perto das oito da manhã. Os horários do sábado são mais curtos, e poucas lojas abrem aos domingos.

› **O que vestir e o que levar:** vista roupas e sapatos confortáveis, tome cuidado com bolsas, carteiras e celulares. Se pretende comprar muita coisa, leve uma sacola extra bem grande ou carrinho com rodinhas.

Algumas lojas que valem a visita:

- A **Gaivota**, rua 25 de Março, 641, sobreloja 5/7, tel.: (11) 3228-4375 – paetês, brilhos, tecidos fantasia etc.
- **Armarinho Santa Cecília**, rua Cavalheiro Basílio Jafet, 107, tel.: (11) 3322-3322 – materiais para técnicas decorativas, artesanato, embalagens para doces, arranjos florais, pintura em madeira etc.
- **Armarinhos Fernando**, rua 25 de Março, 864/872, tel.: (11) 3325-0400 – bazar, brinquedos, materiais escolares.
- **Armarinhos e Aviamentos Metrópole**, rua Comendador Abdo Schahin, 52/62, tel.: (11) 3313-1410 – armarinho completo, materiais para quilt e *patchwork*.
- **Casa do Tule**, rua 25 de Março, 641, tel.: (11) 3326-0899 – tules, brocados, cetins, organzas, feltros estampados e lisos etc.
- **Casa Fátima**, rua 25 de Março, 617, tel.: (11) 3228-2000 – tecidos variados, para moda, fantasia e decoração.
- **Comercial Ceval**, rua Cavalheiro Basílio Jafet, 38, 6º andar, sala 604, tel.: (11) 3326-8938 – tecidos e materiais para *patchwork* a bons preços.
- **Fernando Maluhy**, rua Cavalheiro Basílio Jafet, 38, 9º andar, tel.: (11) 3325-2015 – grande variedade de tecidos nacionais de tricoline de algodão. Atendimento por senha. Chegue cedo!

- **Galeria de bijus**, ladeira Porto Geral, 106 – prédio com lojas que vendem peças para montagem de bijuterias e bijoux prontas. Pegue o elevador até o último andar e desça de escadas.

- **GJ Tecidos**, ladeira Porto Geral, 73 – 1º, 2º e 3º andares (3º andar exclusivo para noivas), tel.: (11) 3325-0000 – tecidos finos.

- **Jafe**, rua Cavalheiro Basílio Jafet, 166-167, esquina com a rua Barão de Duprat, tel.: (11) 3229-1572 – tecidos em várias opções, preços negociáveis.

- **Lojas Brilho**, ladeira Porto Geral, 121, tel.: (11) 3229-2261 – adereços, fantasias, plumas, glitter, perucas e itens para festas.

- **M. Camicado**, rua Cavalheiro Basílio Jafet, 55/63, tel.: (11) 3227-3372 – materiais para festas.

- **Matsumoto**, rua Barão de Duprat, 39, tel.: (11) 3322-0166 – materiais de festa DIY, papéis, embalagens, isopor, bexigas etc.

- **Metrópole Tecidos**, rua Comendador Abdo Schahin, 52, tel.: (11) 3313-1410 – tecidos importados e materiais para *patchwork*. A mesma loja tem uma filial na galeria ao lado com materiais de costura básica e tecidos nacionais para artesanato em geral (ver Aviamentos Metrópole).

- **Niazi Chofi**, rua 25 de Março, 702, tel.: (11) 3325-3325 – tecidos para moda e decoração, além de linha de produtos prontos de cama/mesa/banho.

› **Niazi Chohfi Desenhos Exclusivos**, rua Jorge Azem, 35, tel.: (11) 3322--6565 – estampas exclusivas para *patchwork*.

› **Puppets**, rua 25 Março, 641, térreo, loja 10, tel.: (11) 3311-9306 – material para confecção de bonecos, tecidos para fantasias, cabeças de bonecos, fibra para enchimento.

› **Rei do Armarinho**, rua Cavalheiro Basílio Jafet, 99, tel.: (11) 4083-5555 – loja grande com todos os materiais básicos de costura e bordado.

› **Vandir Botões**, rua Comendador Abdo Schahim, 62, loja 7, tel.: (11) 3229-6190 – loja especializada em botões.

Onde comer e descansar:

› O restaurante de comida árabe **Raful** (rua Comendador Abdo Schahin, 118), que está na região desde os anos 1960, é um clássico no roteiro da 25 de Março. Dê uma parada para comer uma esfirra e tomar um suco para recarregar as baterias.

› Se puder, ande um pouquinho mais e dê um pulo no **Mercado Municipal** (rua Cantareira, 306), onde encontrará várias opções de sucos, sanduíches e salgados, além de frutas.

Para aprender mais

Estudar é sempre enriquecedor. Com novos cursos e oficinas, você aprende algo novo, conhece pessoas que têm os mesmos interesses e ganha uma nova fonte de referência: o professor! Se você é daqueles que gosta de se aventurar por novas técnicas craft, tem muito para descobrir com os cursos. Dá para preencher noites e fins de semana com vários eventos e aulas. Alguns lugares que oferecem cursos interessantes:

- **Sesc:** promove cursos e oficinas variados, que são superacessíveis, interessantes e baratos – e, por isso mesmo, disputadíssimos. Para os cursos, novas turmas são abertas no início e no meio do ano. Fotografia, desenho, tipografia, estamparia, serigrafia, *patchwork*, tricô, *toy art* são alguns deles. E tem muito mais. As oficinas rápidas acontecem o ano todo, e a lista é longa. Já demos oficinas no Sesc e recomendamos os cursos de olhos fechados!

- **On-line:** aqui é para fazer a festa! Abre muitas portas e oportunidades em relação a tempo e distâncias. Perfeito para quem está longe dos grandes centros. O site da EduK promove vários cursos em português. Para quem fala inglês, vale a pena ver a lista de aulas dos sites Creative Bug, Skillshare e lista de cursos da Central Saint Martins de Londres.

- **Costura:** como esse é um tema forte no meio craft, gostamos de indicar cursos práticos como Rainhas da Costura, que fica em São Paulo, o Ateliê Lu Gastal, em Porto Alegre, e o Café Costura, no Rio de Janeiro. O Sigbol, uma escola tradicional na qual se aprende costura e modelagem profissional, com unidades espalhadas pelo país, também oferece material em DVD.

- **Faculdades:** centros de conhecimento costumam oferecer extensões, cursos livres, *workshops* e palestras. Para quem está em São Paulo, vale a pena acompanhar o que está rolando na Faculdade Belas Artes, Faculdade Anhembi Morumbi, FAAP, Mackenzie e USP.
- **Museus:** falaremos um pouco de museus no capítulo sobre viagem (veja página 167). Como são especializados em determinados assuntos, sempre conseguem atrair profissionais renomados e de referência para ensinar. Em São Paulo, o MIS, o Masp, o MAM e a Pinacoteca do Estado têm sempre algo de novo rolando. Fique de olho na programação!
- **Eventos:** feiras e eventos do segmento craft costumam incluir atividades e *workshops* na programação.
- **Específicos:** se você quer aprender silkscreen, tingimento, encadernação, tear, sempre encontrará alguém para ensinar. A internet pode ajudar a encontrar o professor certo, basta perguntar e pesquisar! Recomendamos começar nos sites que tratam do assunto. Em geral quem é especialista em alguma técnica também gosta de ensinar.
- **Sites e revistas:** algumas revistas, como a Casa Cláudia, publicam uma seção de agenda de cursos nas últimas páginas. Confira se a sua publicação preferida também divulga notinhas e agendas de cursos.

Viajando por aí

Dicas para incluir o craft em seu roteiro de viagem

Vai viajar? Aproveite para fazer um minirroteiro craft em suas andanças. Preparação é importante nesse caso, portanto, você precisará investir em algum tempo de pesquisa antes da viagem. A internet, claro, é uma ótima amiga, mas lembre-se do método tradicional: perguntar para amigos que já estiveram nesses lugares. As pessoas adoram contar sobre suas viagens, mas, ultimamente, há poucos ouvintes para esse assunto.

Convide seus amigos para um café com dicas – ninguém vai recusar um convite para conversar sobre algo tão legal. Leve em consideração que o estilo de viagem de cada um pode ser bem diferente, seja pelo orçamento, estilo, tempo disponível ou companhia. Alguém que viaja de mochilão pela América do Sul por seis meses tem prioridades diferentes do que alguém que vai a trabalho para Buenos Aires e tem apenas uma tarde livre.

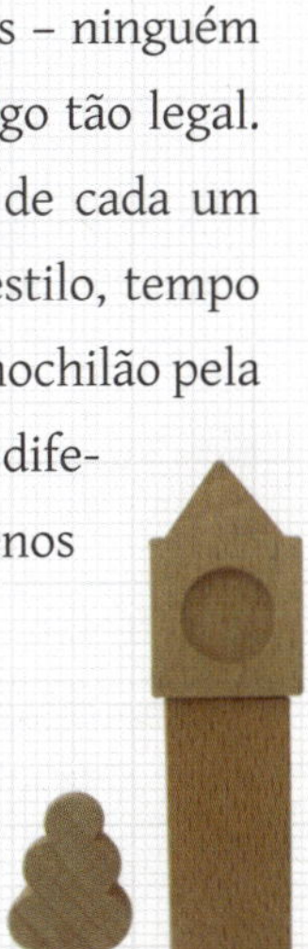

Mas o principal é entender qual é o seu destino. Cada país, região, cidade, bairro tem sua especialidade. A boa notícia é que você pode incluir o craft sempre, independentemente de onde for, e dizemos isso por experiência própria, pois já fizemos isso muitas vezes. Se for para países de forte tradição artesanal, encontrará atrações a cada esquina. Peru, Marrocos, Turquia, Leste Europeu, por exemplo, têm feiras e lojas voltadas para o artesanato tradicional. Existem até agências de viagem com roteiros para visitar locais de fabricação e tingimento de tecidos em países como Índia, Paquistão, Tailândia, Java, Bali. Se for para a Ásia, então, é possível planejar vários dias de viagem só com visitas a lugares craft.

Se estiver viajando para um lugar pouco conhecido, o site Flickr pode ser uma porta para contatos. Quando a Claudia foi para Bogotá, usou a busca da ferramenta ("bogotá craft") para descobrir lugares. Um dos achados foi uma rua de materiais (tipo uma rua 25 de Março colombiana) e também uma área tipo Vila Madalena, com pequenos artistas, bares e restaurantes para andar a pé e passear por lojinhas menos comerciais.

Em suas viagens pelo mundo, você certamente encontrará museus temáticos muito especiais e que conversam com o craft. Procure museus que vão além dos mais óbvios. Você pode se surpreender descobrindo o Museu do Urso de Pelúcia, em Munique; da Marionete, em Praga; e o do Quimono, em Tóquio.

Não podem faltar em nossa lista de lugares a visitar os mercados de pulgas, ou *flea markets*, em inglês. Em geral, eles acontecem nos fins de semana. E, normalmente, quem chega cedinho sempre leva para casa os melhores achados. Mesmo quando os preços são bons é preciso ter olhos de lince para garimpar – aliás, garimpar é a melhor parte!

Gostamos também de reservar tempo para visitar os mercados centrais, de comidas, frutas e legumes. Assim, é possível sentir o clima da cidade, interagir com os locais e aprender muito dos usos e costumes de quem mora lá. Provavelmente comerá bem e, se tiver bom olho, pode achar ingredientes e materiais diferentes para levar para casa.

Viajando em dezembro pela Europa? Não deixe de conhecer os tradicionais mercados de rua com enfeites e produtos natalinos.

Se estiver com planos de ir aos Estados Unidos, o forte do país serão as compras. Aproveite para ver as tendências, o que há de novo e fazer um estoque de materiais que você não costuma encontrar por aqui. Os dois principais supermercados para crafts, Jo-Ann e Michaels, têm um sistema de busca por CEP em seus sites, que mostra se há alguma unidade na área onde você se encontra. Você vai se impressionar com o tamanho dessas lojas – há materiais para todos os gostos, bolsos e técnicas.

Outra opção que utilizamos bastante é comprar em sites *marketplace*, como Amazon, Ebay e Etsy. Compre antecipadamente e mande entregar na recepção do hotel. É necessário calcular o tempo direitinho para sincronizar a chegada do pacote com a sua estadia, além de verificar se o hotel permite esse esquema ou se cobra alguma taxa por essa facilidade.

E, por último, não deixe de pesquisar se haverá alguma feira ou evento na data em que visitar a cidade. Para mencionar apenas três, acompanhe a Renegade Craft Fair, a Makers Fair e a Patchwork Show.

Viagens são sempre oportunidades empolgantes para se conhecer o craft ao redor do mundo. Para renderem bons frutos, é melhor sempre investir em um mínimo de planejamento. Vá por partes, pesquise com calma e faça um plano realista para suas visitas. Algumas viagens do Superziper por Nova York, Tóquio, Londres e outras cidades estão registradas no blog com muitas fotos e nossos relatos pessoais e podem ser mais uma fonte de consulta!

Livros e sites legais

Esta é nossa seleção de livros e sites sobre o grande universo craft para quem quer ir além, ler mais, pesquisar e garimpar referências.

Tentamos na medida do possível privilegiar criadores. Hoje é muito comum ver sites e blogs especializados em fazer curadoria, que escolhem a dedo projetos que chamam a atenção, montando uma galeria linda de inspiração. São válidos, claro – quem teria tempo para ver tudo o que acontece na web? Assim, acreditamos que as redes sociais Instagram e o Pinterest são perfeitos para isso (veja página 155).

Aqui, optamos por deixar fontes mais tradicionais de referência, boas para dar início a uma pequena biblioteca. Se você perceber que falta alguma, pode ser que esteja na seleção de divas e ídolos (veja página 179).

Editoras que publicam livros interessantes

- Chronicle Books (São Francisco)
- Uppercase (Canadá)
- Martha Stewart Press (EUA)
- Marabout (França)
- Fleurus Éditions (França)
- Éditions Marie Claire (França)
- Tutti Frutti (França)
- Creapassions (França)
- Le Temps Apprivoisé (França)
- Éditions L'Inédite (França)
- Penguin Books (Inglaterra)

Lojas e fabricantes do segmento

- Coats
- DMC
- Singer
- Purl Bee
- Liberty
- Wool and the Gang
- PIP Studio
- Orla Kiely
- Mod Cloth

Moldes de roupas

- Sew Over it
- Burda Style
- Colette Patterns
- Aime Comme Marie
- Sew Kate Sew
- Republique du Chiffon
- Sewaholic
- Pattern Anthology
- Deer and Doe
- Tilly and the Buttons
- Liesl+Co
- Pauline Alice
- Papercut patterns
- By Hand London
- SALME patterns
- Victory Patterns
- Named patterns
- Closet Case Files
- Vogue Patterns

Sites/ ferramentas/ serviços

- Pinterest (coleção de "favoritos")
- Flickr (rede de fotos e comunidades)
- Instagram (rede social de fotos no celular)
- Ravelry (comunidade de receitas de receitas de tricô e crochê)
- Colour Lovers (ferramenta de combinação de cores e paletas)
- Kuler (criação de paletas de cores)
- Etsy (*marketplace* americano, referência em ecommerce de produtos feitos à mão, vintage e componentes)
- Elo7 (maior *marketplace* brasileiro)
- Tanlup (*marketplace* brasileiro)
- Polyvore (montagem de *mood boards* e combinação de peças)
- Panólatras (serviço de impressão de estampas digitais)
- Creative Bug (cursos on-line, em inglês)
- Skillshare (cursos on-line, em inglês)
- EduK (cursos on-line, em português)

Revistas de banca e on-line

- Frankie Magazine (Austrália)
- Craftzine (EUA)
- Makezine (EUA)
- Martha Stewart Living (EUA)
- Selvedge (Inglaterra)
- Burda (Alemanha)
- Kinfolk Magazine (EUA)
- Anthologie Magazine (EUA)
- Casa e Cláudia (Brasil)
- Decorar Mais por Menos (Brasil)
- Nylon Magazine (EUA)
- Juxtapoz Magazine (EUA)
- Marie Claire Idées (França)
- Make by Rita Paiva (Brasil)
- Casa e Jardim (Brasil)
- Casa e Comida (Brasil)
- Revista TPM (Brasil)
- M de Mulher (Brasil)

Filmes que inspiram

Esta é nossa lista de filmes favoritos e inspiradores, que de alguma forma levam a sair sonhando do cinema e morrendo de vontade de voltar correndo para casa e começar algum projeto! Se você já passou por isso, sabe do que estamos falando.

Use como dica de filmes para ver em casa naquele fim de semana sem programação definida. Faça um chocolate quente, pipoca e não se esqueça de deixar um caderninho e uma caneta ao lado do sofá para anotar ideias que podem surgir.

O fabuloso destino de Amélie Poulain (dir.: Jean-Pierre Jeunet. França, 2001)

Esse filme fez tanto sucesso na época que duvidamos que alguém não tenha assistido. Colocamos aqui na lista só para confirmar publicamente que somos muito influenciadas pela estética e pequenos detalhes dessa produção francesa. Ficou marcado como filme que criou toda uma estética e um estilo de ser Amélie, com valorização das memórias de infância, dos pequenos prazeres do dia a dia e do amor pelo *vintage*. E ainda tem Paris, né? Como não amar?

A ciência dos sonhos (dir.: Michel Gondry. França, 2006)

Eleito nosso diretor favorito! Sua obra-prima em crafts, criações e invencionices é esta. Uma cidade feita de papelão, cavalinho de tecido, máquina de escrever com botões nos lugares das teclas, fantasias de pelúcia, nuvens de enfeite penduradas no teto, são muitas referências. Quem assistiu tem que rever com olhos de crafteiro!

Lauri Faggioni é a criadora dos animais e dos acessórios e Bruno Guillemeto é responsável pelas esculturas. O mesmo gosto pelas engenhocas aparece também em *Brilho eterno de uma mente sem lembrança* (2004), *Rebobine, por favor* (2008), que teve até exposição dos cenários no MIS, em São Paulo, e em *A espuma dos dias* (2013).

Recomendamos também procurar no YouTube os videoclipes que Gondry dirigiu, sempre com esse toque criativo. Destaque para *Come into my world*, de Kylie Minogue.

A vida marinha com Steve Zissou (dir.: Wes Anderson. Estados Unidos, 2004)

Esse é outro diretor que gostamos de acompanhar. Muito criativo, sempre investe na produção de cenários fantásticos, paletas de cores marcantes e figurino perfeito para seus personagens um tanto excêntricos. O corte transversal do submarino é sensacional, e mostra todos os ambientes conectados. O diretor repete a mesma técnica com o trem de *Viagem a Darjeeling* (2007), outro filme que vale a pena assistir. A trilha sonora também é incrível. Favoritíssimo!

Wallace & Gromit (Estúdios Aardman Animation. Reino Unido, 1990-)

Famosa animação feita de massinha, criada por Nick Park, mostra a vida de um inventor apaixonado por queijo e seu cachorro. As expressões faciais são a marca registrada dos personagens. Wallace gosta de engenhocas, o que lembra o estilo do professor Pardal. As cores são mais escuras e o ritmo é mais lento, mas tudo muito adorável e com detalhes muito bem-pensados.

Mio & Mao
(Misseri Studios. Itália e Reino Unido, 1970-1976)

Talvez tudo tenha começado com essas animações de dois gatinhos feitos de massinha, que assistíamos na TV Cultura antes de ir para a escola. As cores, as transformações, a criatividade, os barulhinhos, tudo que uma criança adora. Tem no YouTube. Procurem pelo episódio "The clew", da série mais atual, no qual um novelo de lã tem papel importante na trama.

Mary e Max, uma amizade diferente
(dir.: Adam Elliot. Austrália, 2009)

Uma história delicada que resgata o lento processo de se corresponder com amigos por cartas. Quer algo mais craft do que isso? É o contrário do imediatismo – tem espaço para pensar, trabalhar, burilar. Uma amizade que se constrói com o tempo e com as sutilezas da troca de informações. Além disso, é um ótimo trabalho de caracterização, cenários e ideias.

Handmade nation
(dir.: Faythe Levine. Estados Unidos, 2009)

Documentário sobre o ressurgimento do DIY nos Estados Unidos e a nova tendência de pessoas envolvidas em um movimento que mistura arte, craft e design. A diretora atua como uma curadora que escolhe histórias de "makers" em 15 cidades do país. Em suas entrevistas, conversa com comunidades, explora sites, blogs, lojas on-line e também estúdios, escritórios e feiras do setor.

Martha, Inc.
(dir.: Jason Ensler. Estados Unidos, 2001)

Um filme feito para a TV, muito interessante. Conta a história de Martha Stewart, empresária, autora, produtora e diva dos crafts. Vale para conhecer sua personalidade, a história de como ela montou seu império e até o escândalo financeiro pelo qual sua empresa passou.

Divas e ídolos

Esta lista tem dois objetivos. Em primeiro lugar, mostrar quem são os criativos que nos inspiram. Vale a pena pesquisar para conhecer o trabalho deles. Em segundo, usar como lista de pessoas que valem ser acompanhadas nas redes sociais.

Como a internet fervilha e todo mundo gosta de acompanhar *timelines* de gente interessante, procuramos em nosso Instagram e Facebook os trinta nomes que mais gostamos de seguir, seja pelas mídias sociais ou diretamente nos sites e blogs. Afinal, é sempre bom dar uma reciclada com quem você segue e acompanha. Aliás, rechear sua *timeline* com nomes menos conhecidos mas não menos interessantes pode ser muito inspirador. Imagina que chato seria se todos só gostassem das mesmas coisas?

› **Keri Smith:** escritora norte-americana que incentiva o desbloqueio criativo. Tem livros que já foram traduzidos para o português, como o *Destrua este diário*, e tem um blog atualizado, repleto de dicas e coisas que você pode sair fazendo. Musa inspiradora! Queremos mais gente assim no mundo.

- **Alan Fletcher:** conhecido por seu trabalho gráfico e de logotipia, esse designer inglês tem vários trabalhos renomados. Mas gostamos mesmo do lado filosófico dele, de ver as coisas com outros olhos. O livro-bíblia *The art of looking sideways* (2001) mostra muito do seu pensamento. Para ler aos poucos, digerindo e saboreando.
- **The Selby:** Todd Selby é um fotógrafo norte-americano que visita as casas das pessoas mais legais ao redor do mundo para tirar fotos dos ambientes e dos detalhes, sempre com muita cor e atenção para achados que traduzam a personalidade do dono. No blog tem fotos novas sempre. Vale acompanhar os vídeos que ele produz. Sempre ficamos inspiradas!
- **Cath Kidston:** ao conhecer essa rede de lojas inglesa, foi amor à primeira vista! Como alguém pode ter criado tantos produtos com estampas legais, que gostaríamos que nós mesmas tivéssemos feito? As linhas de tecido têm cores perfeitas, estampas delicadas e tudo combinando. A atual tem um perfume vintage na medida certa. Para sonhar!
- **Professor Parapopó:** cientista do programa de TV Bambalalão, interpretado pelo ator Chiquinho Brandão, que usava óculos com nariz grande e bigode. Sempre ensinava projetos diferentes e criativos para as crianças. A cada tarde aprendia-se algo novo. Saudades dessa época!

Gente para seguir e se inspirar

- A Beautiful Mess
- A Ervilha Cor-de-Rosa
- Camilla Engman
- Casa da Chris
- Casa Chaucha
- Chucrute com Salsicha
- Come-se por Neide Rigo
- Design*Sponge
- Don't Touch my Moleskine
- Flô di Pá
- Lu Gastal
- Jenny Allsorts
- Man Repeller
- Molly Chicken
- Negócio de Mulher
- Not Martha
- Ronaldo Fraga
- Oficina de Estilo
- Poppytalk
- Posie Gets Cosy
- Print & Pattern
- PS I Made This...
- Rainhas da Costura
- Sarah London
- Scrumdillydilly
- The Crafts Dept.
- The Small Object
- Think Olga
- Tofu Studio
- Tricotarde
- Wee Wonderfuls
- Whip Up

Lista de projetos para um ano craft

Esta é uma tabela para você preencher! O calendário serve para ajudar a se programar nos vários projetos deste livro. Sugerimos que marque os aniversários da família e dos amigos e comemorações importantes. Mas anote com uma semana de antecedência, assim você terá tempo de preparar algo feito à mão para essas datas! Também já preenchemos ideias de temas a cada mês, assim você pode relacionar os projetos com as ocasiões. Por exemplo, o chapeuzinho de festa fica para o aniversário do filho, a caixa de plantas, para a primavera, a *lunchbox* para a época de volta às aulas, e assim por diante.

	Tema	Semana 1	Semana 2	Semana 3	Semana 4
Janeiro	Ano-Novo/ Férias				
Fevereiro	Carnaval				
Março	Volta às aulas/ Outono				
Abril	Páscoa				
Maio	Dia das Mães				
Junho	Dia dos Namorados/ Festa junina				
Julho	Férias				
Agosto	Dia dos Pais				
Setembro	Primavera				
Outubro	Crianças/ Professores/ Halloween				
Novembro	Fim de ano				
Dezembro	Verão/ Natal				

Glossário de termos craft

Como em todo segmento, o mundo craft também tem seus termos específicos e chavões. O movimento tem pessoas influentes na Europa e nos Estados Unidos e naturalmente muitos dos termos usados permanecem em inglês, sem tradução ou adaptação. Gostamos do português e usamos sempre que faz sentido, mas reconhecemos que a língua inglesa é mais técnica e específica para certos casos.

Demos ênfase aos termos ligados à costura, já que essa foi uma técnica bastante utilizada nos projetos deste livro e porque também gostamos de usar muitas dessas palavras, que nem sempre são de conhecimento geral. Se você é novo nesse ambiente, aproveite a lista para entender o que significam esses termos, siglas e bordões.

- **# ou hashtag:** indicam o assunto, categoria ou tema da foto ou texto em redes sociais como Instagram, Twitter e Facebook. São clicáveis e através delas é possível acompanhar o que todos estão postando sobre aquele assunto.
- **Abridor de casas:** ferramenta usada para abrir casas de botão e ou desmanchar costuras feitas à máquina; também conhecido como desmanchador de costura.
- **Alinhavo:** pontos feitos em linha reta, à mão, para manter o tecido no lugar ou dar um efeito franzido.
- **Avesso com avesso:** expressão de costura que significa colocar dois painéis de tecido com os lados avessos frente a frente. A peça é costurada do lado direito e fica sem acabamento nas bordas.
- **Aviamentos:** acessórios para costura e acabamento (Exemplo: zíperes, botões, viés, colchetes etc.)
- **Balancim:** ferramenta de metal usada para pregar ilhoses e rebites, para furar, encapar botões etc.
- **Bobyleen (também bobilen, bobilin):** tecido estampado misto de algodão e poliéster, de baixa qualidade, mas barato. Bom para usar em peças piloto.

- **Capitonê:** muito usada em almofadas, essa técnica consiste em fazer pregas ou pontos passando pela almofada para adicionar mais textura e estabilidade.
- **Casinha de abelha:** tipo de bordado manual que tem efeito decorativo ou franzido. Muito usado em roupas infantis.
- **Chita:** tecido simples e barato de algodão, característico pelas estampas coloridas e floridas; usado mais recentemente em acessórios e decoração, é o tradicional pano para roupas de festa junina.
- **Colchete:** peça de metal usada em fechos de roupas e acessórios.
- **Craft:** artesanato, habilidade, arte, destreza, artífice, ofício.
- **Direito com direito:** expressão de costura que significa colocar dois painéis de tecido com os lados direitos frente a frente. A peça é costurada do lado avesso e depois virada para o lado direito.
- **DIY:** sigla em inglês para *do it yourself* – "faça você mesmo", em português.
- **Entretela:** tecido usado como reforço no verso de outros, para deixar a peça mais encorpada. Muito utilizado em cintos, golas, punhos, carteiras etc.
- **Folha de EVA:** folha de espuma colorida, muito usada em trabalhos artesanais.

› **Furoshiki:** técnica japonesa para compor embalagens de tecido sem costura, usando apenas dobras e nós.

› **Grelô:** fita decorativa também conhecida como fita pompom.

› **Handmade:** palavra em inglês que significa "feito à mão".

› **Ilhós (pl. ilhoses):** aro de metal para reforçar orifícios em tecidos, por exemplo, onde passa uma fita ou cadarço.

› **Jacquard:** técnica de tricô que forma desenhos e padrões decorativos na trama da peça.

› **Lastex:** elástico fino, de várias cores. Pregado à maquina, dá um efeito franzido à peça.

› **Liberty:** estampas floridas, criadas pela loja inglesa centenária Liberty of London. O sucesso da padronagem fez o termo "estampas Liberty" ficar associado a estampas florais miúdas.

› **Margem de costura:** margem que se deixa a partir borda da peça, na costura à máquina. Costuma vir especificada nas instruções do projeto.

› **Miçanga:** contas miúdas feitas de material vitrificado, usadas em bijoux e acessórios.

› **Mouliné:** tipo de linha para bordado.

› **Origami:** arte japonesa de dobrar papel.

- **Ourela:** margem do tecido vendido em rolo, por metro, onde em geral estão impressos o nome e os dados do fabricante e as cores que compõem a estampa.
- **PAP:** sigla em português para passo a passo.
- **Patchwork:** trabalho feito com junção de retalhos de tecido.
- **Pesponto:** pontos feitos à máquina por cima da peça, podendo ser funcionais ou simplesmente decorativos.
- **Ponto de cruz:** ponto de bordado feito com pequenas cruzes juntas, que formam desenhos.
- **Popeline:** tecido 100% de algodão com textura mais fina.
- **Quilt:** técnica de acolchoamento, na qual se faz um sanduíche com uma manta e tecidos que, por fim, recebem pespontos decorativos à máquina ou à mão.
- **Rebite:** peça de metal que, prensada, serve para unir partes com acabamento (cabeça) em um dos lados (Exemplo: para segurar o bolso de uma calça jeans)
- **Retrocesso:** pontos feitos dados em "marcha a ré" no início e no final da costura para impedir que se desfaça.
- **Tricoline:** tecido 100% de algodão nobre, com textura, estampado em fio tinto, muito usado em projetos craft.

› **Tutorial:** explicação passo a passo, com textos e fotos, de um projeto craft.

› **Viés:** tira de tecido dobrada no sentido do comprimento, muito usada para dar acabamentos nas margens de uma peça. Pode ser industrializado ou feito em casa, cortando-se o tecido a 45 graus.

› **Vinil refletivo:** material feito com película refletiva, muito utilizado em sinalização e em uniformes.

› **Virar a peça:** termo usado em costura quando duas partes são costuradas do lado avesso e se necessita virar a peça para o lado direito.

› **Washi tape:** fita adesiva decorativa feita com papel de arroz, desgruda facilmente sem rasgar o papel ou tirar tinta da parede.

› **WIP:** sigla em inglês para *work in progress*, ou trabalho em andamento. Termo utilizado em blogs e redes sociais para registrar as etapas de um projeto que ainda não foi concluído.

› **Xadrez vichy:** estampa xadrez clássica feita com a combinação de uma cor mais o branco. Também chamado popularmente de xadrez de piquenique.

Tabela de conversão de medidas

Para quem passou a vida toda acostumado a entender medidas em metros e centímetros, fica difícil ler instruções de projetos de costura estrangeiros, que usam medidas imperiais. Talvez você até se lembre que 1 *inch* (polegada) equivale a 2,54 centímetros, mas na prática é sempre bom ter uma tabela para usar como referência no seu cantinho de costura!

cm = centímetro **ft = foot (pé)**

in = inch (polegada) **yd = yard (jarda)**

1 in = 2,54 cm	**3 ft = 1 yd**
1 ft = 30,48 cm	**1 cm = 0,4 in**
1 yd = 91,44 cm	**100 cm = 3,28 ft**
1 ft = 12 in	**100 cm = 39,97 in**

MOLDES

Eu quero uma casa no campo

(página 71)

Motivo Bordado Pregas

Ordem sugerida

1 linha branca
2 linha branca
3 linha branca

Motivo Coração

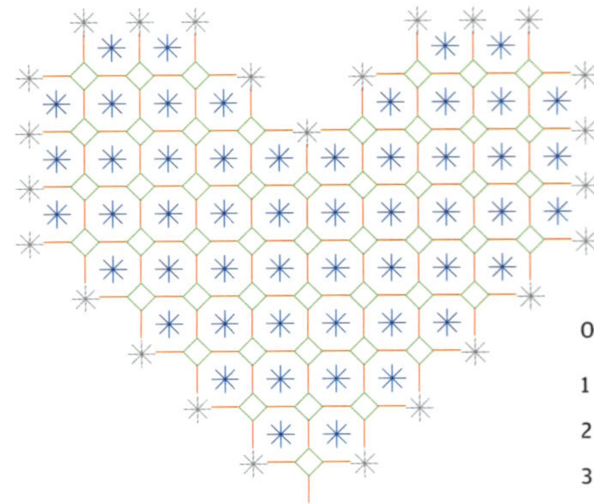

Ordem sugerida

1 linha branca
2 linha branca
3 linha branca
4 linha vermelha

Carta para você

(página 81)

Cortar duas peças

– – – – – – – – – – –
abertura para virar

· ·
dobrar

Margem de costura inclusa (0,5 cm)

Escala: Amplie 200% para chegar ao tamanho grande e 150% para o tamanho pequeno

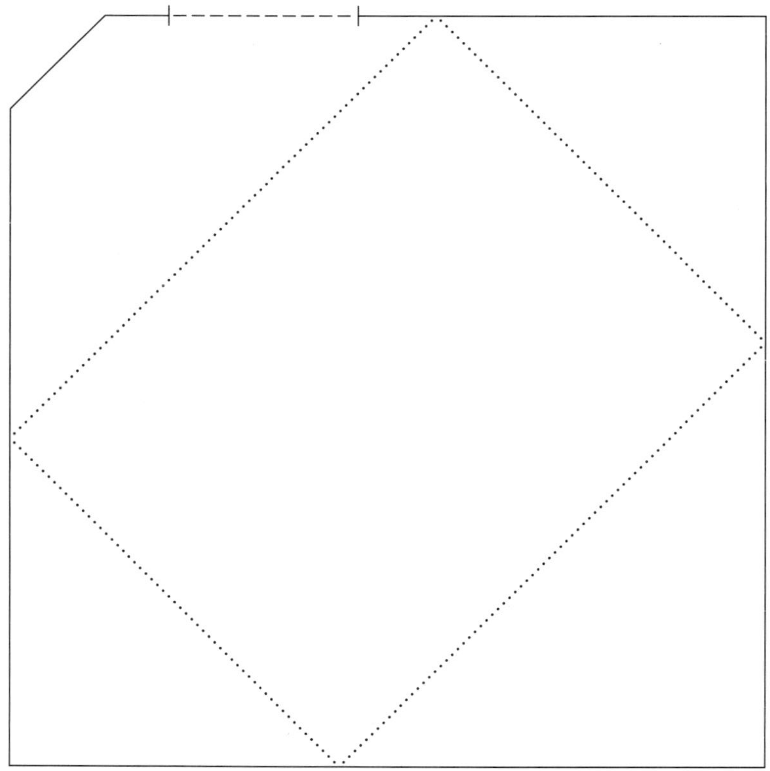

Cúmulus

(página 88)

Cortar duas peças

\- - - - - - - - - - -
abertura para virar

⊗ = nós

Margem de costura
inclusa (0,5 cm)

Escala: Amplie 400%
para chegar ao
tamanho real

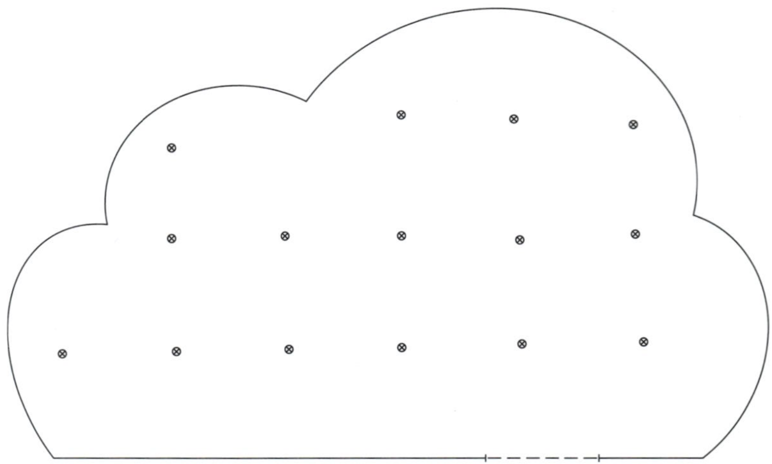

Pano para bolso

(página 97)

Cortar duas peças

- - - - - - - - - - -
abertura para virar

Margem de costura inclusa (0,5 cm)

Escala: Amplie 150% para chegar ao tamanho real

Rá-tim-bum

(página 125)

– – – – – – –
limite área
de colagem

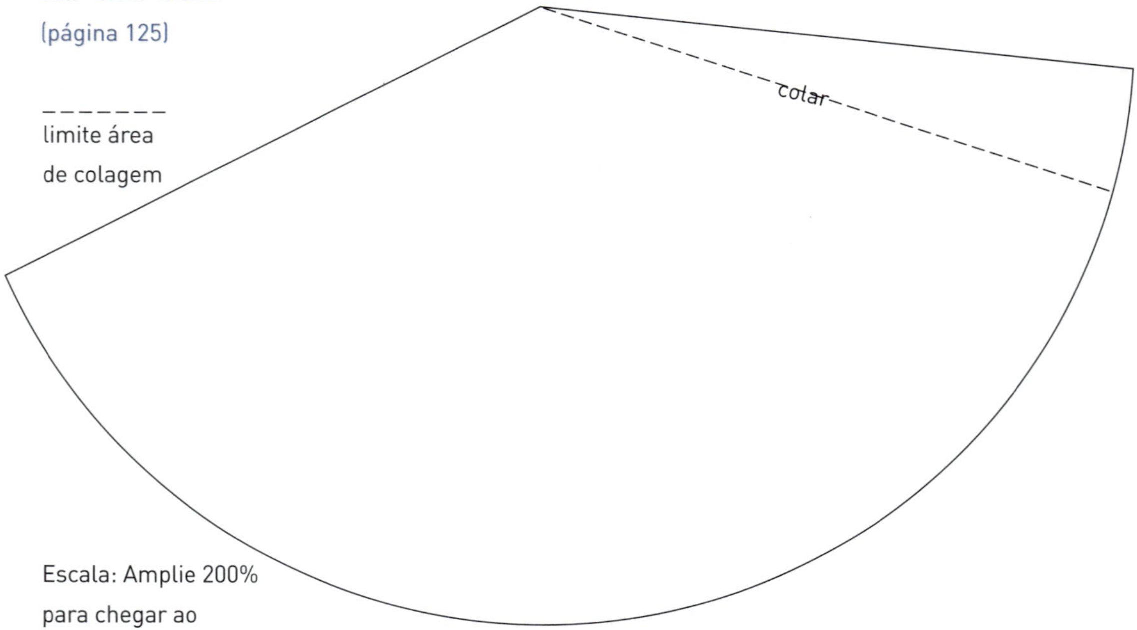

Escala: Amplie 200%
para chegar ao
tamanho real

Pedalar te dá asas

(página 139)

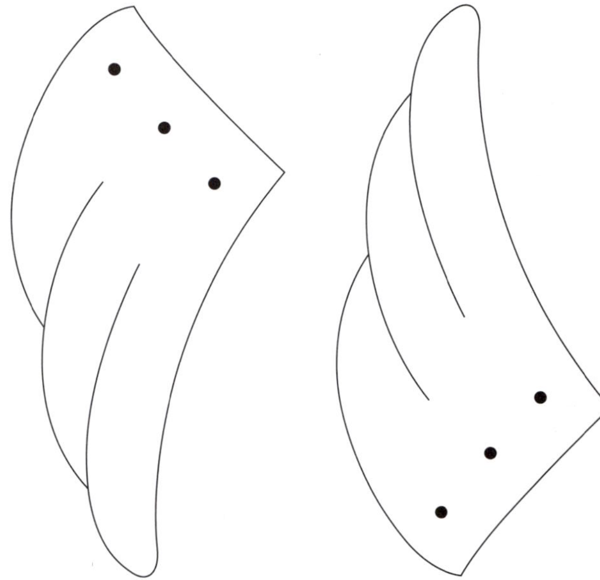

Escala: Amplie 150% para chegar ao tamanho real

Agradecimentos

- Coats Corrente
  www.coatscorrente.com.br
- Fainhand
  www.fainhand.co.uk
- Indústria de Bastidores Barone
  www.bastidoresbarone.com.br
- Liberty Têxtil
  www.libertytextil.com.br
- Luiz Durante
  www.instagram.com/durante
- Polêmica VP
  www.polemicavp.com
- R Marc Papelaria
  R. Frederico Abranches, 432
  Santa Cecília, São Paulo - SP

As autoras

Cláudia Fajkarz e Andrea Onishi se conheceram na faculdade de comunicação nos anos 1990 e ficaram amigas ao descobrir vários gostos em comum, como desenhos e trabalhos manuais.

Foram pioneiras no craft no Brasil ao lançar o blog SuperZiper em 2007, que se consolidou como referência principalmente pelos projetos passo a passo e conteúdo original. Com mais de mil textos e centenas de projetos testados e aprovados, se especializaram em desmistificar o artesanato "da vovó" e em mostrar as novidades do mundo do "faça você mesmo". Para comemorar os quase dez anos do blog, agora em 2016 lançam juntas o primeiro livro.